ライフストーリーワーク入門

社会的養護への導入・展開がわかる実践ガイド

山本智佳央
楢原真也
德永祥子
平田修三
［編著］

明石書店

はじめに

　社会的養護の子どもや成人した方たちと接するようになった頃、話を聞いていて、ずいぶん印象に残った一言があります。

　「記憶が消失している部分がある。物心つく前の情報を仕入れて、自分が生まれてから今に至るまでの自分をつなげなきゃいけない」

　一般的な家庭で育った者にも、もちろん「記憶が消失している部分」はあります。というより、私たちは皆、およそ3〜4歳以前に自分に起こった出来事についてうまく想起することができないことが知られています。これを「幼児期健忘」といいます。しかし、私たちは想起できない過去の出来事について、ふだんあまり気に留めることはないのではないでしょうか。それは、幼少期を過ごした故郷や家があり、幼少期を見守ってくれた親や親戚がいるからです。親や親戚は、私たちが生まれた時のことや幼い頃のことを、折に触れて（あるいはこちらが聞くと）語ってくれます。あるいは、昔の写真や描いた絵など自分の足跡を示すものが残っているから、という理由もあるかもしれません。だから私たちは「記憶が消失している部分」があったとしても、それだけで不安になったりすることはない、ということなのでしょう。
　しかし、社会的養護の当事者たちが「記憶が消失している部分がある」と語る時、そこには不安やさびしさ、そして、できることなら記憶を埋め

たい、という切実な願いが伴っているように感じられます。社会的養護の子どもたちは、生まれた時のことや幼少期のことについて語ってくれる周囲の人がいません。ならば誰に聞けばいいのか、それすら分からない場合も多いようです。また、たとえ自分の過去のことについて誰が知っているのか分かっていたとしても、自分から聞くのは恐ろしいような申し訳ないような、そういう複雑な気持ちが湧いてくることがだんだん分かってきました。

　もうひとつ、少し長くなりますが、『児童養護施設と社会的排除――家族依存社会の臨界』（西田編著, 2011）という本のなかから、児童養護施設出身者が自らのことについて語った箇所を取り上げてみたいと思います。

> 「施設出身で胸を張って生きるということはどういうことなのかなぁって考えたことがありまして。…（中略）…。胸を張って生きるということは、押しつぶされないように何が大事なのかっていうことは、原点である、入った理由だと思うんですよね。だから、いい意味でも悪い意味でも家庭に返る。なぜここに入れなきゃいけなかったという親の気持ちを考えたりとか。…（中略）…。いい意味でも悪い意味でも、親のことをやっぱ考えて生きていってほしいっていうのが、それが、損した生活じゃなくていい経験ができたっていう、人にない経験ができたんだから人より大きい人間になれるんだぞ、っていう自信につながっていってほしいと思うんですよね。胸を張って生きていくということは、自分のなかではそうなのかなって」(p.171)

　これを読んで感じたのは、施設出身者は、施設で暮らす毎日を通して生きる希望を見出し、自分の生い立ち（原点）や育ちを自分なりに納得することで、人生を前向きに生きていくことができるということです。このようにまとめてしまうと当たり前のことのように思われるかもしれませんが、あえてこうしたことが語られるのは、それが難しい現状があるからではな

いでしょうか。

　ライフストーリーワークという取り組みは、おそらく、こうした子どもに寄り添い、子どもが前を向いて生きられるよう手助けしたい、という動機からはじまっています。その具体的な取り組みは、一人ひとり異なる子どもの境遇・ニーズに応じて様々なかたちをとりうるため、必然的に試行錯誤を伴います。また、実施者の他の業務との兼ね合いもあるため、社会的養護の子ども全員に対して十分に実施するのは、実際には困難な部分もあるでしょう。

　そんなことを考えていた折、たまたま「社会的養護の子どもの生い立ち」に関する研究会に参加した際、様々な課題が検討された後で、社会的養護当事者から発せられた次のような発言が印象に残りました。

　「私たちの生い立ちのことを、養育者・支援者の方が真剣に考えてくれていることが嬉しい」

　私たちがこれから本書で提示するライフストーリーワークが唯一のベストなやり方であるはずはありませんし、社会的養護の子ども全員に実施できるものでもないでしょう。しかし、まずは社会的養護の子どもたちの「生い立ち」に思いを馳せ、十分に配慮しながら、実施できるところから取り組んでいく、そのためのヒントを提供できれば幸いです。

　　　　　　　　　　　　　　　　　　編者を代表して　平田 修三

【文献】
西田芳正編著（2011）『児童養護施設と社会的排除——家族依存社会の臨界』解放出版社

ライフストーリーワーク入門●目次

はじめに　*3*

序章　日本の社会的養護において　ライフストーリーワークが必要である理由 ———— *11*

第1節——日本の社会的養護の子どもの現状から　*11*
第2節——日本におけるライフストーリーワークの普及動向　*14*

第1章　ライフストーリーワークとは ———— *17*

第1節——ライフストーリーワークの歴史　*17*
第2節——ライフストーリーワークとは何を指すのか　*18*
第3節——ライフストーリーワークの3つの形式　*19*
第4節——子どもの知る事実と支援者の知る事実　*22*
第5節——生活場面型とセッション型　*23*

第2章　ライフストーリーワーク実践のポイント【準備編】—— *27*

第1節——実施者に求められる覚悟　*27*
第2節——子ども自身のニーズをどう確認するか　*29*
第3節——職場の理解をどう得るか　*31*

第4節―子どもの家族の理解をどう得るか　*33*
第5節―家族の情報・生活史に関する情報をどう収集するか　*35*
第6節―関係機関や職種間ではどう連携すればよいか　*38*
第7節―実践の安全性を高めるために必要なこと　*40*

第3章　ライフストーリーワーク実践のポイント【実践編】―生活場面型―　*43*

第1節―ソーシャルワークとケアワーク（生活場面）　*43*
第2節―ライフストーリーワークの基盤となる生活環境の構築　*45*
第3節―生活場面型ライフストーリーワークにおける養育者の役割　*46*
第4節―養育者自身の価値観・家族観を振り返る　*47*
第5節―子どもの客観的なライフヒストリーの把握　*49*
第6節―子どもと養育者の関係性　*50*
第7節―生活のなかで自己物語を紡ぐ　*51*
第8節―実施上の注意点・留意点　*54*
第9節―記録の保存・保管　*56*
第10節―セッション型への移行　*58*

第4章　ライフストーリーワーク実践のポイント【実践編】―セッション型―　*61*

第1節―セッション型ライフストーリーワークの意義　*61*
第2節―どうやって子どもをライフストーリーワークに誘うか　*63*
第3節―ライフストーリーワークで使われる手法・ツール・アイテム等の紹介　*66*
第4節―子どもが知らなかった情報を伝える際の留意点　*68*
第5節―多職種によるフォロー体制の確保　*70*
第6節―生みの親を尊重する姿勢の重要性（忠誠葛藤との関連）　*72*
第7節―モニタリングと評価（ライフストーリーワーク実施中の行動化への対応、中止の判断等）　*73*
第8節―ライフストーリーワークのゴール（実施期間・内容の到達点等）　*75*
第9節―セッション型ライフストーリーワークの特長と課題　*77*

第5章 事例（モデルケース）で考えるライフストーリーワーク——79

はじめに　79
事例❶：LSWの実施準備が不十分だったため、支援がうまくいかなかった思春期女児　80
事例❷：父親の精神疾患を理解していない高齢児の自立に向けて　86
事例❸：児童自立支援施設入所中の思春期男子の事例　92
事例❹：「真実告知」後に、里親・里子が一緒に取り組むLSW　97
事例❺：「生活場所の移行」「新たな家族の誕生」に伴う乳児院での取り組み　104

第6章 ライフストーリーワーク導入から展開への経緯——111

第1節——大阪ライフストーリー研究会　111
第2節——三重県の児童相談所（組織的な展開につなげるための工夫）　114
第3節——熊本ライフストーリーワーク研究会　116
第4節——児童心理治療施設 あゆみの丘　118
第5節——実践者養成のための集中研修の試み　120
第6節——「LSWメーリングリスト」と「LSW実践・研究交流会」の取り組み　124

■コラム　施設生活経験者からのメッセージ「〝人・情報・タイミング〟の見極め」　126

第7章 ナラティヴ・アプローチからみたライフストーリーワーク実践——129

第1節——ライフストーリーワークにおける実践と研究のギャップ　129
第2節——社会的養護の子どものライフストーリー　130
第3節——ナラティヴ・アプローチの視点から解釈するライフストーリーワーク実践　133
第4節——おわりに～子ども一人ひとりのライフストーリーに目を向ける　136

終章 日本におけるライフストーリーワークの課題と展望 ——139

第1節—ライフストーリーワーク実践と記録保管やアクセス支援　*139*
第2節—ライフストーリーワークの今後の展開と課題　*142*

ブックガイド　*145*
資料　ライフストーリーワーク（LSW）実施前確認シート　*149*
あとがき　*153*

序章 日本の社会的養護においてライフストーリーワークが必要である理由

第1節──日本の社会的養護の子どもの現状から

　厚生労働省が2013（平成25）年2月時点で実施した「児童養護施設入所児童等調査」によると、日本では4万7776人の子どもたちが社会的養護の対象となっています（表0-1）。このうち（母親と子どもが一緒に入所する）母子生活支援施設を除いた施設・里親家庭で暮らす4万1770人の子どもたちが家族と離れて生活を送っています。

表0-1　社会的養護の現状（入所・委託児童数）

里親	児童養護施設	情緒障害児短期治療施設	児童自立支援施設	乳児院	ファミリーホーム	自立援助ホーム	母子生活支援施設	計
4,534	29,979	1,235	1,670	3,147	829	376	6,006	47,776

出所：厚生労働省（2013）

　表0-2は児童養護施設・里親・乳児院で暮らす子どもたちの状況についてまとめたものです。
　児童養護施設で生活している子ども約3万人のうち、乳児院から措置変更となって施設で生活している子どもは6558人（21.9％）です。
　里親家庭で暮らす子どもは約4500人ですが、このうち乳児院から措置変更となって里親家庭で暮らしている子どもは1209人（26.7％）です。こ

の数字には、里親委託の後、里親と養子縁組をして委託解除になった子どもは含まれていないため、実際にはそれ以上の数の子どもたちが乳児院から里親家庭に移行していると思われます。

また、3歳までに社会的養護での生活が始まった子どもは、里親家庭で1583人（35％）、児童養護施設では7312人（24.4％）です。

家族との交流関係について「交流なし」の割合は、里親家庭で暮らす子どものうち72.4％（3284人）、児童養護施設で18％（5396人）、乳児院では19.4％（610人）となっています。

表0-2　児童養護施設・里親・乳児院で暮らす子どもたちの状況

	児童数	乳児院から措置変更	3歳までに措置開始	家族との交流なし
児童養護施設	29,979人	6,558人（21.9％）	7,312人（24.4％）	5,396人（18％）
里親	4,534人	1,209人（26.7％）	1,583人（35％）	3,284人（72.4％）
乳児院	3,147人		3,118人（99％）	610人（19.4％）

出所：厚生労働省（2013）をもとに筆者作成

これらの統計から、日本には現在、社会的養護のもとで、①家族と離れて暮らしている子どもが4万人以上もいること、②乳幼児期に家族と離れたため当時の記憶が薄らいでいるであろう子どもが何千人もいること、③家族と疎遠になっている子どもも何千人もいることが読み取れます。

さらに、もう1つ大きな問題として、養育者の変更が避けられない点が挙げられます。（母子生活支援施設に入所する場合を除いて）社会的養護の生活に移った時点で、子どもは実親のもとを離れることになりますし、施設養育の場合は生活担当職員の変更・異動・退職が頻繁に起こっている現状があります。こうした養育者変更が繰り返されるうちに、自分が小さかっ

た頃の情報を教えてくれる大人がいなくなり、子どもたちは知りたいことを一体誰に尋ねればよいのか分からなくなってしまいます。

　また、子どもによっては、生まれ育った街から遠く離れたところにある施設で生活している場合もあります。このことはDV被害から逃れるために、地元から遠く離れた施設を利用している母子生活支援施設で暮らす子どもたちにも当てはまります。

　こうしたなか、社会的養護の子どもたちに対して、生い立ちや出自、離れて暮らす家族の状況、家族と離れて暮らさなければならなかった理由等々を子どもと一緒に振り返り、確認する取り組みが日本でも始まっています。

　たとえば、①イギリスの関連著書の翻訳や日本版ライフストーリーブックの作成を手がけながら日本での実施条件や方法を探りだすもの、②児童養護施設における生活場面での子どもからの生い立ちや家族に関する語りを詳細に分析したもの、③児童相談所における真実告知を中心とした実践を蓄積したもの、などがあります。さらに、それぞれで行われている少しずつ異なる多様な実践に共通点を見出し、（理論的に）整理しようとする学術的な試みも始まっています。

　また、近年では、国の施策として2012年に社会的養護関係施設の運営指針および里親・ファミリーホーム養育指針が策定され、そのなかで子どもの生い立ちにかかわる内容が示されたことも注目されます。具体的には、5つの社会的養護関係施設のうちの児童養護施設、児童自立支援施設、情緒障害児短期治療施設の運営指針のなかに、子どもの発達に応じて出自や生い立ち、家族の状況について適切に知らせていくということが記されました。さらに里親・ファミリーホーム養育指針には、ライフストーリーワークなどを通して子どもの歴史や子どもの思いを記録にまとめることが、子どもが自身を大切にし、誇りをもって成長するために有効であると示されました。ここでは「ライフストーリーワーク」という言葉が用いられています。

このように、児童相談所や児童福祉施設、里親家庭といった社会的養護の現場での実践と、研究者による海外での実践紹介や理論的整理といった取り組みが、ちょうど車の両輪のように連携しながら回り始めているのが昨今の日本の状況といえるでしょう。

第2節——日本におけるライフストーリーワークの普及動向

　実際にライフストーリーワークは日本でどれくらい取り組まれているのでしょうか。曽田（2013）は、児童養護施設の子どもたちに対するライフストーリーワークの全国的な実施状況を探るために児童養護施設と児童相談所に対して全数調査を行いました。ここではライフストーリーワークを「子どもが過去に起こった出来事や家族のことを理解し、信頼できる大人とともに自身の生い立ちやそれに対する感情を整理する一連の作業」と定義しました。図0-1は児童養護施設172ヵ所、児童相談所86ヵ所からの

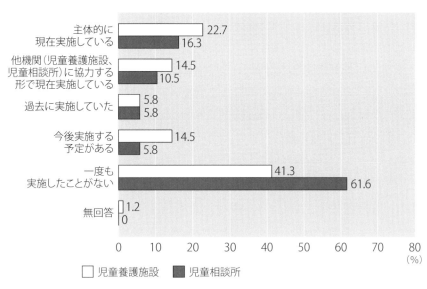

図0-1　ライフストーリーワーク（類似の取り組みを含む）の実施状況

回答結果を示したものです。ライフストーリーワークならびにそれと類似する取り組みを「主体的に現在実施している」「他機関に協力する形で現在実施している」の合計は、児童養護施設・児童相談所それぞれ3割程度であり、それほど多く実施されているわけではないことが明らかになりました。

一方でライフストーリーワークのような取り組みは必要だと考えられており、調査票（アンケート）の自由記載欄には「これからライフストーリーワークを勉強して取り入れていきたい」「ライフストーリーワークの実施例や実施の様子を知りたい」といった意見が多数みられました。現状として必要性を感じながら、何とかそれを実施に結びつけようとする現場の実情が窺えました。また、そこで実施されているライフストーリーワークの内容では、ライフストーリーブックや振り返りシートなどを用いた生い立ちの整理、子どもとのアルバムや年表づくり、真実告知・生い立ちを扱った心理面接など様々なものがみられました。

さらに、その後に行ったライフストーリーワークを実施している児童養護施設への聞き取り調査では、施設内の多職種によって多様なライフストーリーワークが展開されていることが分かりました。たとえば、子どもと関係性の強い施設長による真実告知を中心としたもの、心理療法担当職員によるライフストーリーブックなどを用いて生い立ちの整理をしたもの、生活担当職員による子どもとの児童自立支援計画作成のなかで入所理由やその後の状況を確認したものなどです。アプローチのしかたは異なっていますが、それぞれに「子どもの生い立ちを大切に扱う支援」という共通項がみられます。全国調査ではライフストーリーワークの実施率は低いという結果になりましたが、子どもの生い立ちを大切にする視点およびアプローチは徐々に現場に浸透していることが感じられました。

この浸透の背景には、社会的養護における子どもの暮らしや子どもの捉え方の変化が影響していると考えられます。子どもの暮らしでは家庭的な養育環境、すなわち施設の小規模化および里親等による家庭養護が重視さ

れ、子どもの個々のニーズを大人が受け止めやすくなりました。また、子どもの捉え方では、子どもの権利として知る権利、意見を述べる権利、決定等に参加する権利が尊重され、これらの権利が日々の生活のなかで子どもにも大人にも意識化されてきています。つまり、子どもが生い立ちや家族について知りたいという気持ちを表し、それを支援者が受け止め、実現に向けて取り組むという素地ができてきたのです。ライフストーリーワークを行う環境が醸成されつつあるといえるのではないでしょうか。

　このように必要性が認識され、実践が徐々に進められているライフストーリーワークですが、普及するうえでの難しさも見えてきました。それはライフストーリーワークが個々の子どもに応じて行う完全にオーダーメイドの実践であるということです。子どもの置かれた状況などによってアプローチの仕方が変わってくるため、規定のプログラムやマニュアルが存在しないところがこの実践の難しさといえます。したがって、ライフストーリーワークがこれから普及・発展していくためには様々なタイプの先駆的実践を通じて得られた知見やノウハウを蓄積し、それを参考に個々の現場あるいは子どもに応じたアプローチを見出していくことが必要でしょう。

（山本智佳央、曽田里美、平田修三）

【注】文中の「情緒障害児短期治療施設」は、平成29年4月1日児童福祉法の改正により「児童心理治療施設」に名称変更されました。

【文献】
厚生労働省（2013）児童養護施設入所児童等調査結果（平成25年2月1日現在），http://www.mhlw.go.jp/file/04-Houdouhappyou-11905000-Koyoukintoujidoukateikyoku-Kateifukushika/0000071184.pdf（2015年8月20日）
曽田里美（2013）「ライフストーリーワーク実践に関する実態調査」報告書

第1章 ライフストーリーワークとは

第1節──ライフストーリーワークの歴史

　イギリスでは、2002年に公布された養子縁組と児童法において、子どもの意見を聴くことの重要性を指摘しました。そして、社会的養護のもとで暮らす子どもたちの混乱を解消するための手立てとして、ライフストーリーワークを通して子どもや家族に関する情報を提供することを求めています。

　ライフストーリーワークは、もともとは家庭を離れて暮らす子どもの措置にかかわるソーシャルワークの伝統的な実践のなかから生まれたものです。1950年代には、里親委託や養子縁組の準備として、ソーシャルワーカーが子どもの成長の記録を記したライフブックという冊子を手渡すという試みがすでに欧米でなされていたようです。

　1970年代以降になると、ライフブックは、歴史を記すだけではなく、子どもたちの混乱を解消し、子ども自身が自分を語る手段として活用されるようになり、次第にライフストーリーブックと呼ばれるようになっていきます。

　しかし、ブックの作成が次第に形骸化し、情報が不十分あるいは誤ったものであったり、子どもが作成に関与しなかったり、どの子どもに対しても同じ形式を用いたり、過去を過度に肯定的なものとして提示することへの批判も起こってきました。子どもたちが自分の人生を引き受け、生きる希望を見出すためには、事実を説明したり、支援者が一方的に構成したス

トーリーを提示するだけでは不十分です。大切なのは、なぜその事実が起こったのかを信頼できる誰かと一緒に考え、新たな角度から見直し、自分の人生の良いことも悪いことも含めて、自分の物語として胸に収めていくことなのです。

このような過去の反省もあり、現在ではブックの作成に力点が置かれるのではなく、子ども自身が自己物語を紡ぐライフストーリーワークの過程が重視されています。実施に臨んでも、現在の養育者と一緒に行うほうが望ましいと考えられるようになりつつあります。ブックについても、ライフストーリーワークの成果物である写真や描画が織り込まれると同時に、様々な電子媒体も用いられるようになっています。さらには、虐待を受けた子どもの増加にともない、ライフストーリーワークの治療的な面を強調する立場や、親世代の歴史まで遡った実践も見られるようになってきています。

第2節───ライフストーリーワークとは何を指すのか

それでは、ライフストーリーワークとは何を指すのでしょうか。現在の日本では、同じ「ライフストーリーワーク」という言葉を用いて（あるいはライフストーリーワークという言葉をあえて用いなくても）、多岐に及ぶ、けれども本質的には類似した試みが広がりつつあります。これには有意義な面もありますが、一方で「ライフストーリーワークとは何か」という定義や共通認識そのものが曖昧になりがちな状況も生まれています。この背景としては、次のような点が挙げられます。

1点目は、大切な事実をきちんと腑に落ちるように相手に説明したり、支援者との対話を通して事実を胸に収めていくという考え方は、ライフストーリーワークに特有のものではなく、対人援助にかかわる基本的な要素のなかに存在しているものです。その意味では、ライフストーリーワークと呼ばれることはなかったにせよ、似かよった実践は、社会的養護も含め

てこれまでも様々な領域のなかで広く行われてきました。

　2点目は、ライフストーリーワークには決まった形式や誰にでも適応可能なプログラムというものはなく、子ども一人ひとりに応じた多様な展開が求められるという点です。子どもの個々の歴史や背景を考えると当然の配慮ですが、明確な定義がないことは、実践上での議論の基盤を欠くことになり、分かりにくさや混乱につながります。

　3点目は対象となる子どもの変化や方法論の広がりです。従来、ライフストーリーワークはソーシャルワーカーが行う継続的な面接の体系を指すものでした。しかし、虐待を受けアタッチメントやトラウマをはじめとする様々な課題を抱えた子どもの増加にともなって、養育者と子どもとの関係性や心理治療といった視点がより重視されるようになっています。

　4点目は、イギリスとは異なる日本特有の事情です。イギリスでは上述のとおりライフストーリーワークの法的な位置づけが明確であり、専門職の養成および役割分担が進んでいます。社会的養護においても、里親が多数を占め、児童福祉施設は治療施設が中心です。これに対しては日本では、ライフストーリーワークの実践は始まったばかりであり、児童相談所や児童福祉施設における人材育成や人員配置等にまだまだ課題を抱えています。

第3節───ライフストーリーワークの3つの形式

　このような事情から、ライフストーリーワークを一概に定義することは難しいのですが、本書では次のように整理を試みます。

　1つ目の考え方は、ライフストーリーワークを、①ストーリーワーク、②ライフヒストリーワーク、③ライフストーリーセラピー（治療的なライフストーリーワーク）の3つに整理するものです（図1-1）。

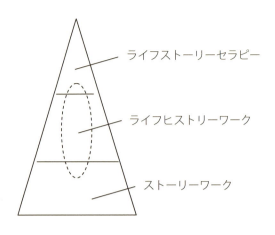

図1-1　ライフストーリーワークの3つの形式

　狭義の意味でのライフストーリーワークはソーシャルワークの観点から行われる継続的な面接の過程を指します（図1-1の破線部分）。しかし、ライフストーリーワークを「子どもの生にまつわる重要な事実を分かちあい、肯定的な自己物語を形成することを支援する」という広義の意味で捉えた時に、日々の生活でのかかわりや治療的な取り組みも、ライフストーリーワークと地続きの実践になります。
　最初に求められるのは、ストーリーワークです。子どもの話を大切に聴き、子ども自身がどのようなストーリーを抱いているのかを共有する過程です。不適切な養育を受けた子どもたちにとっては、自分の歴史をまとまったストーリーとして語ること自体が困難です。自分や家族のことをほとんど知らないこともあれば、誤った思い込みや否定的な認識に囚われていることもあります。あるいは、子どもに残されたかすかな記憶が人生を照らす光になることもあるかもしれません。
　次に、子どもの語るストーリーを補強あるいは修正し、確かな輪郭を与えるためにライフヒストリーワークが必要です。この過程においては、子どもと家族に関する客観的なライフヒストリーをどのように収集し、得ら

れた情報をどのように子どもと分かちあっていくかという課題が浮かび上がります。

さらに、生い立ちを振り返る過程には痛ましい内容や過酷なトラウマ体験が含まれていることもあります。こうした事実を受けとめ、消化していくためには、必要に応じて、護りのある時間と空間を設け、ライフストーリーセラピーを実施することも求められます。

表1-1はそれぞれの特徴を示したものですが、これらは別々のものというよりは、聴く、つなぐ、伝える、癒す、傍らに添う、といったライフストーリーワークのなかにある様々な要素を便宜的に分割したものといえるでしょう。

表1-1　ライフストーリーワークの3つの形式

	ストーリーワーク	ライフヒストリーワーク	ライフストーリーセラピー
主な担い手	子どもの養育者（施設職員や里親など）	ソーシャルワーカー（児童福祉司、施設のFSWなど）	心理職（児童心理司、施設心理職など）
特徴	子どものストーリーを聴き、子ども自身の認識や自己像・家族像を理解することを中心とする、ライフストーリーワークの基本となるアプローチ	誕生から措置までの子どものライフヒストリーに関する情報を収集・提供し、子どもが自分の歴史を知ることを支援するソーシャルワークに基づいたアプローチ	親世代からの家族の歴史、現在の行動や感情と過去との結びつき、喪失体験や外傷体験などについての整理を目的とした治療的アプローチ
支援内容	・子どもとの関係性の形成、事実を語りやすい環境や子どもの語る力の醸成 ・子どもの記憶や歴史の共有と記録化 ・子どもの認識や家族	・子どもや家族の正確なライフヒストリーや関係する品々の収集および提供 ・施設入所や委託時のインフォームド・コンセント	・子どもと現在の養育者の関係性の強化 ・事実に向きあい、胸に収めていくプロセスへの同行 ・分離・喪失体験や被虐待体験からの回復

		・親子関係の修復・再構築のための支援	の促進
限界	像の理解と明確化 子ども自身の理解や認識を確かめることを主な目的としている。そのため、歪んだ認知や否定的な認識の修正を試みることはあっても、不正確な情報や生育史の空白を補い、子どもに提示することはない	支援者が子どもや家族に関する事実を説明することに力点がおかれているため、時として子ども自身の意見や希望が見過ごされがちになることもある。また、ネガティブな情報やトラウマ体験を踏み込んで扱うことは少ない	支援者に子どもの発達やアタッチメント、トラウマなどに関する専門的知識・技術が要求される。過去の分離・喪失体験や被虐待体験に直面するため負担も大きく、子どもと支援者双方に相応の覚悟や動機が必要になる

第4節────子どもの知る事実と支援者の知る事実

　2つ目は、ライフストーリーワークの過程を、「子どもの知る事実と支援者の知る事実の共有」という視点から整理するものです（表1-2）。

　領域④は、本人や支援者でさえも知りえない未知の空白です。そのため、児童相談所が中心となって、積極的な情報収集に努めることが求められます。ライフヒストリーワークに相当するソーシャルワーク的なアプローチです。

　領域③は、子ども自身が抱いている自分や家族に関するストーリーです。子どもたちのなかには誰にも話せない秘密や、過酷な体験を抱えている者もいるかもしれません。これを共有していく過程がストーリーワークですが、分離・喪失体験や被虐待体験などについては、治療的な要素を含んだライフストーリーワーク（ライフストーリーセラピー）を実施することもあります。

　領域②は、子ども自身は知らないものの、支援者が把握している事実です。中心となるのは従来のソーシャルワークの領域で行われてきた、客観的なライフヒストリーの把握と共有です。しかし、それにとどまらず、支

表1-2　子どもの知る事実と支援者の知る事実

	本人が知っている	本人が知らない
支援者が知っている	お互いの関係性を基盤に、この領域を無理なく広げていくことが課題となる 領域①	・本人の記憶にない幼い頃の様子や本人のもつ潜在可能性など ・養育者や関係者の想いや願いなど ・本人および家族の生い立ちの空白や詳細 領域②
支援者が知らない	・現在の養育者のもとに辿りつく以前の生育歴や家族史や、それをめぐる認識や感情 ・本人の願いや希望など 領域③	情報収集に努め、この領域を縮小していくことが課題となる 領域④

援者の想いや願い、子どもへの肯定的なまなざしもまた、子どもの自己物語を構成する大切な一部となっていくことをこころに留めておきたいものです。

　そして、最終的には子どもの支援者の間で事実を分かちあい、領域①を広げていくことが課題となります。

第5節——生活場面型とセッション型

　以上の2つの整理を踏まえたうえで、本書ではライフストーリーワークを「生活場面型」と「セッション型」に分けています。生活場面とセッション型は、子どもの自己物語を紡ぐうえで補完的に働くものです。

　最初の整理にしたがえば、生活場面型は主にストーリーワークに、セッション型は主にライフヒストリーワークとライフストーリーセラピーに相当するといえます。また、2番目の整理にしたがえば、生活場面型は領域①~③に、セッション型は①~④に相当しますが、生活場面型よりもセッ

ション型のほうが、扱われる事実はより重くなることがほとんどでしょう。

　生活場面型とは、主に生活のなかで行われる子どものライフストーリーへの働きかけを総称するものです。これは、ライフストーリーワークの概念を拡大する考え方であるため、その定義をかえって分かりにくくさせてしまう面もあるでしょう。あるいは、すでに行っている支援をわざわざライフストーリーワークと言い換える必要があるのかという疑問も生じるかもしれません。

　しかし、不適切な養育を受けて発達初期に大きな課題を抱える子どもたちにとっては、わざわざ日常と異なる場面を設定して特別な働きかけを行う以前に、むしろ日々の生活のなかに、そうした理論や技法のなかに含まれている要素が、自然な形で展開されることが何よりも意味をもちます。こうした考え方は、環境療法、治療的養育、生活臨床などと呼ばれており、生活場面におけるライフストーリーワークの展開は、このような生活そのものを大切にしようとする考え方と軌を一にするものです。セッション型のライフストーリーワークの実施前に、まずは生活のなかにある子どもの自己物語を紡ぐ大切な要素に目を向け、子どもを取り巻く環境を整えていくことの重要性を示すものとして、本書ではこの考え方を提案しました。

　また、これまで施設内で行ってきた当たり前の行為に対して、ライフストーリーワークという言葉をことさら用いる必要はありませんが、生活場面型のライフストーリーワークという視点の導入によって、これまで何気なく行われていた日々の支援の重要性や、反対に見過ごされていたかかわりを、あらためて見つめ直すことができるかもしれません。もちろん、セッション型のライフストーリーワークのなかで行われるような支援がすでに日常のなかに取り入れられている環境であれば、このような呼称は不要といえるでしょう（むしろ、そのほうが子どもにとっても望ましい支援のあり方ではないでしょうか）。

　セッション型には、ライフストーリーブックの作成を目的とした伝統的なソーシャルワークの実践から、心理職が行うセラピューティックなライ

フストーリーワークなど、様々な支援が含まれます。面接だけにとどまらず、子どもにゆかりのある場所を一緒に巡ることもあります。子どもの養育者以外にも、児童福祉司や児童心理司、施設のファミリーソーシャルワーカー（以下、FSW）や心理職などの支援者が参加することがほとんどです。回数については、1回の告知で終了し、告知された内容を生活のなかで話しあっていく（生活場面に移行していく）ものから、数回～10数回の定期的な面接を設けてワークを実施していく形式まで様々です。

　「本人が知っている」事実を中心に話し合う場合は、子ども＋施設の担当職員＋施設心理職といったように施設職員のみで行われることもありますが、「本人が知らない」事実については、児童相談所の関与が不可欠となります。

　狭い意味でのライフストーリーワークとは、主にセッション型のことを指しますが、基盤となる生活場面での実践をおろそかにし、セッション型の実施だけに目を奪われることのないよう、十分に配慮したいものです。

（楢原真也）

第2章 ライフストーリーワーク実践のポイント【準備編】

第1節──実施者に求められる覚悟

「ライフストーリーワーク」についての実践を耳にして関心をもち、その意義に賛同する人は多いのですが、いざ取り組むことを具体的に考えると様々な疑念が浮かび、実施に躊躇する気持ちになる人もまた多いのではないでしょうか。

子どもたちに、なぜここ（施設、里親宅）で暮らすことになったかということを「話せなかった理由」「話すべきではないと判断した理由」は何だったのかということに、まずはきちんと向き合うことが大切です。

- そんな悲惨なことを知っても、子どもが一層みじめな気持ちになるだけだ
- 親に対する否定的な感情がよけい強まるだけだし、子どもがかわいそうだ
- せっかく落ち着いてここで暮らしているのに、子どもを不安定にするだけだ
- 「知らぬが仏」という言葉もあるように、知らないほうがいいことだってあるはずだ

……などなど、ライフストーリーワークをやらない理由は、きっと山のようにあるでしょうし、またそうした一つひとつの理由には、それなりに説

得力があるように感じられるでしょう。こうした意見に対して実施者自身がどう感じるのか、どんな人間観をもって子どもとライフストーリーワークを行うのかということについて、しっかり考えるプロセスは非常に重要なものです。

　子どもたちが置かれている状況を、自分の身に置き換えて感じることは、簡単なようでいて難しいものです。また、自分がどのような人間観をもっているかということもまた、分かっているようで分かっていないものです。さらにまた、子どもに聞いてみることもないままに、大人のほうが勝手に「こうに違いない」と思い込んでいることも非常に多いのが実情です。

　ライフストーリーワークに、何の葛藤もないままに着手するほうがむしろ危険ですし、自分のなかに生じている迷いや不安を意識しておくことのほうが、子どもにとっても実施者にとっても有益です。そして、こうしたプロセスを経てこそ、実施者の側の「覚悟」も決まるといえるでしょう。

　実際、ライフストーリーワークを通して、子ども以上に実施する大人のほうが揺さぶられることがあります。大人のほうがその時に、逃げたりはぐらかしたりせずに、どっしりと構えて、子どもの安心を支えることができるかどうかが問われる場面があるのです。

　実践のポイントの章の最初に、このような内容が含まれていることに、戸惑いを感じる人もいるでしょうが、実施の枠組みを整えていくことに先だって、またそうした準備と並行して、実施者自身の心の準備を整えること、そして、そうした実施者の心情を理解し支える体制を整えることは重要なステップといえます。

> 　こうした実施者側の準備性を高めるために、以下のような視点からの自己覚知を促すトレーニングも有効です。
> ①自分自身の家族や過去について思い出すことや、他の人に語るということが、どのような体験になるのかということを体感す

ること。
　【例】自分自身のジェノグラムを作成し語る。
　　　　年代ごとの自分自身のエコマップを作成し語る。
　　　　自分自身の年表を作成し語る。　　など
②自分自身の価値観、考え方の癖が、子どものライフストーリー
　の理解にどのような影響を与える可能性があるかを知ること。
　【例】複数の登場人物がある物語をグループで読み、誰に反発
　　　　を感じ、誰に共感するかを話し合う。
　　　　親の役割についてグループで話し合う。
　　　　自分が大切にしている物や活動が永遠に奪われた時の気持
　　　　ちを話し合う。　　など

〈参考〉「ライフストーリーワーク実施のためのトレーニング」
　　　　才村眞理＆大阪ライフストーリー研究会編

第2節──子ども自身のニーズをどう確認するか

　社会的養護のもとにいる子どもたちは、「自分がなぜここにいるのか」ということや「家族がどこでどうしているのか」といったことについて、大人に聞いてはいけないと思っている場合が少なくありません。
　大人のほうが、子どもから問いかけられても「分からない」といったり、困ったような顔をすると、子どもは、「きっと大変なことがあったにちがいない」「きっと私がすごく悪い子どもだからだ」と、自分自身の過去や、自分の存在自体を、非常に悪くて恥ずかしいものだと考えてしまうのです。そして、そうしたネガティブな想像は、子どもの心身の健康を蝕（むしば）んでしまうこともあります。
　一般に、ライフストーリーワークを実施するタイミングとして、以下のような「子どもから家族にまつわる発言や問いかけがあった時」が好機で

あるといえます。

- お母さん（お父さん）はどこにいるの？
- どうしてお母さん（お父さん）は会いにきてくれないの？
- どうして、ここで暮らしているの？
- きょうだいのなかでわたしだけがどうして家で暮らせないの？
- お母さん（お父さん）は、どうして死んだの？　など

　確かに、こういう問いかけがあった時こそ、はぐらかしたりせずに、きちんと子どもの問いかけに応えていくことが重要ですし、ライフストーリーワークを子どもと行っていく好機だといえるでしょう。
　その一方で、何の問いかけもしない子どもであっても、「親元で暮らす子ども」や「親元に戻る子ども」「親が面会に来る子ども」などの姿を見ながら、上記のような問いを自分の心のなかで繰り返しているということを忘れてはいけないのです。
　「大人に聞いてはいけないと思っていた」と、ずっと心のなかに「問い」を溜めこんだままでいた子どもが、思春期になって、その「不安」や「怒り」を暴力や器物破損といった形で表現する場合があります。そうした子どもが、後々になって、どれほどたくさんの「間違った想像」に怯え、羞恥し、苦しんでいたかを語ってくれることがあります。ある子どもは、自分が施設で暮らすことになったのは、「お母さんが、お父さんに殺されたからだ」と思い込んでいました。でも、それが本当なのかどうかを、大人に確認することは怖くてできなかったのです。モノが壊れる音や、父母の諍(いさか)いの声のあとに、知らない女性に手をつながれて、今の施設に連れてこられたという幼いころの断片的な記憶から、こうした「最悪の事態」を思い描くようになったようですが、この「間違った想像」は、長年にわたり、その子どもを苦しめ、思春期以降に暴力的な行動となって表現されました。
　自分自身の生い立ちや家族について知りたいと思うのは当たり前のこと

ですし、それを伝える準備もあるということを、日頃から子どもたちに話をしておくことは、ライフストーリーワークの実践に向けた重要な準備の一つといえるでしょう。子どもからの発信を待つだけではなく、大人のほうから、ライフストーリーワークを実施する準備があるということ、つまり、子どもたちには「知る権利」があるのだということを、日頃から繰り返し伝え、投げかけることが大切です。

　現在の生活や、施設に入所してから（里親宅に来てから）の生活を整理することから始めて、こうしたワークに取り組むことへの安心感を子どもがもてるように配慮するなど、ライフストーリーワークの進め方を工夫することによって、子どもの準備性を高めることも考えられます。実施者や養育者との間の安心感を高めることで、子どもは自分のニーズをはっきりと大人に伝え、自分の過去にも向き合う準備ができるようになるでしょう。

第3節——職場の理解をどう得るか

　子どもにかかわる専門職として、子どもの最善の利益につながる選択をしたいと考えてはいるものの、できうる限り問題が発生するのを抑え、職員の負担を減らしたいと考えるのもまた事実でしょう。

　施設（里親）であれ児童相談所であれ、社会的養護にかかわる現場は、いずこも決して人的余裕があるわけではありません。やらなければならない仕事をこなすだけでも汲々としているところに「やれるならやったほうがいい仕事」を入れ込むのは簡単ではないはずです。

　ライフストーリーワークを実施することで「寝た子を起こす」事態となり、その子どもが不安定になるだけでなく、他の子どもにも連鎖して、子ども集団全体が不穏な事態に陥るのではないかと恐れる気持ちもあるでしょう。それゆえ、ライフストーリーワークを実施するという負担に加えて、それによる子ども集団への影響という負担も抱える可能性を思うと、意義は分かるものの一歩が出ないということも大いにありうることです。

職場の理解がなかなか得られない場合には、「セッション型のライフストーリーワーク」を導入する前に、生活やケースワークのなかに「ライフストーリーワークの視点」をもつことの大切さを伝えていくことを勧めます。この方法であれば、リスクがないばかりか、ほんの少し意識を変えるだけで子どもにとっても大きな利益がもたらされるため、職場の理解も得やすいはずです。里親家庭についても同様で、家族全員がこうした視点をもてるようになると、日々子どもとかかわる際の意識が変化してくるでしょう。

　生活場面型のライフストーリーワークの詳細は第3章でとりあげますが、端的にいえば、施設や里親宅での一日一日こそが、子どもにとっての新たなライフストーリーの一部となっているのだという「認識」をもつことです。初めて施設（里親宅）に迎え入れた時の子どもの様子やその日その時の施設（里親宅）の様子（天気、匂い、聞こえた声や音、どんな大人や子どもがいたかなど）、大きな感情を伴う体験や、つながりのあった人たちのことなどをきちんと記録や写真に残すこと。子ども自身が書いたもの、創ったもの、達成したことなどを大切に保管すること。そうした積み重ねがあれば、子どもは将来それらを大切な自分の人生の一部として振り返り、肯定的な自己イメージの一部にしていくことができるでしょう。

　ケースワークのなかにライフストーリーワークの視点をもつというのは、子どもと接する時には、子どもの「過去」を知ることと併せて、「未来」のその子をイメージするということです。社会的養護のもとで子どもたちを育てていくことが決まった時に、将来その子に問いかけられるであろう、生みの親、育った場所、親の思い、といった子どもの人生の最初期の事柄について、きちんと記録や写真に残すことの重要性は、「ライフストーリーワークの視点」をもっているからこそ「認識」できることだといえるでしょう。

　こうしたライフストーリーワークの視点が職場のなかで共有され、その意義が理解されるようになると、セッション型のライフストーリーワーク

を行っていくことについても、理解・協力が得られるようになるのではないでしょうか。

　先に述べたように、セッション型のライフストーリーワークを実践する際には、子ども以上に実施者である大人のほうが揺さぶられることがあるので、職場内の理解を得て、実施者を支える体制を整えることは、子どもの安全感を保つためにも重要です。職場の同僚や上司、管理者の不安を理解しながらも、ライフストーリーワークを今実施することが、その子どもにとってどんな利益をもたらすのかを説明していく必要があります。また、支援上優先すべきことは何か（環境の調整と生活の安定、心理療法、医療などライフストーリーワークよりも現在優先すべきことはないか）を確認するのと同時に、同僚や上司が指摘するような「リスク」にどのように対応できるかを、あらかじめ検討しておくことも重要です。

　ライフストーリーワークは、実施者が一人で取り組めるものではありません。職場の仲間や同僚の理解と協力が得られるように、しっかりと準備を行うことが、子どもの安全と実施者の安全のために不可欠なのです。

第4節——子どもの家族の理解をどう得るか

　現在施設で暮らす子どもたちの約8～9割は、家族や親族（以下、家族と略）との交流を続けています。里親家庭で暮らす子どもの場合でも、2割以上は家族との交流を続けています。家族と離れて生活することになった理由や家族の現状といった情報について、児童相談所や施設・里親が把握している内容と、家族が子どもに伝えている内容が一致していないことも多いです。

　たとえば、施設入所に至った理由について、そこに負い目を感じている親はどうしても曖昧にしがちです。また、親の正確な死因を残された子どもにストレートにいえる親族も決して多くありません。亡くなった時の状況や子どもの年齢や発達段階によって、伝える情報が微妙に変わってしま

うのはやむを得ない面もあります。

　家族から何らかの説明を受けている子どもに対して、児童相談所や施設・里親が異なる情報を伝えると、（たとえ、それがより正確な情報だとしても）子どもは混乱してしまいます。大多数の子どもは家族からの説明のほうを信じるものですし、情報の混乱が生活の不安定につながってしまうこともあります。

　ライフストーリーワークで子どもに新たな情報を伝える場合、交流中の家族と伝える内容についてしっかり事前調整することは、子どもへの負担を軽くするためにも重要だと考えます。

- 家族として、子どもにより正確な情報を伝える必要性を感じているか
- 子どもにどこまで伝えてあるか（伝えてあるなら、その内容・時期）

といった点を家族に確認しておきましょう。

　当然、家族がより正確な情報を伝えることに慎重な姿勢を示す場合もあります。この時、子どもが成長するにつれて詳しい情報を知りたいと思うのは当然のことであり、子ども自身がこれまでの生活歴に納得できるようライフストーリーワークの意義を家族に訴えかけることはもちろん必要ですが、同時に、家族として説明できる内容を尋ねたり、親のポジティブさを残すような表現の仕方を児童相談所や施設・里親から家族に具体的に提案するという方法もあります。

　もし、子ども自身から「○○について知りたい」というニーズがはっきり出ているのなら、児童相談所や施設・里親は、子どもが何を知りたがっているかを家族に伝え、新しい情報を子どもに伝えることについての意向を確認しましょう。それでも家族があくまで慎重・反対の姿勢を崩さないなら「伝えたくない事情も分かるので、子どもにはその旨伝えますが、子どもから再度要望が出た時にはあらためて検討してください」と伝えておくこともできます。

一方、子どもには「家族は、あなたに説明しにくいようだ。何か特別な事情があるのだろう」といったふうに、家族の意向を伝えるとともに、「それでもまだ気になるようなら、またいってほしい。あらためて家族にお願いしてみる」と再チャンスを保障しておくことが重要です。再度、子どもから「知りたい」とニーズが示された時には、あらためて家族に打診し、結果を子どもに説明し……というやりとりを繰り返すうちに、「子どもがそこまでいうのなら……」と家族の同意や協力が得られる場合もあります。

　また、子どもとのこうしたやりとりの際には、可能なかぎり今の養育者（施設の生活担当職員や里親）に同席してもらいましょう。こうした配慮は子どもに安心感を提供しますし、子どもと養育者の連帯感を高めるという側面もあるようです。なにより、出身家庭のことを話題にしてもいいという養育者の姿勢を示すことができ、出身家庭や生活歴の話題を子どもと共有しやすくなるというメリットがあると考えます。

　最後に、ライフストーリーワークの実施にあたって家族（特に親）の意向を尊重することについて、複雑な思いを抱く社会的養護関係者は少なくありませんが、子ども自身が出自や生活歴を知る権利が法的に整理されていない日本は、子どもの権利についての意識がまだまだ低いといわざるを得ません。親権者の同意に基づいて子どもを施設や里親に預ける場合が大半という状況では、親権者の意向を無視したライフストーリーワークの実施には慎重さが求められます。

第5節──家族の情報・生活史に関する情報をどう収集するか

　親が子どもを児童相談所に預ける局面や、施設や里親家庭に子どもの面会に来た際に、親から「親が自分のことを、間違いなく大切に思っていた」と子どもが思えるようなエピソードを聞いておくと、後々大切な情報として子どもに伝えていくことができます。

最も代表的なのは、名前の由来です。名前は、親が子どもに贈る最初のプレゼントといえますし、名前が付くことによって、子どもは社会で生活を送ることができるようになります。そしてなにより「こんな子どもになってほしい」という親の願いや希望が込められています。

　最近の小学校では、低学年時の総合学習のなかで自分の名前の由来を調べる課題が出たりします。その時にハッキリした答えを得られない子どもの心情を思うと、やはり名前の由来は分かっていたほうがよいでしょう。親から聞き取るのが比較的簡単で、かつ子どもにとって重要度の高い情報だといえます。

　また、家族で過ごした楽しげなエピソードを聞いておくことも大切ですが、後になって、自分が親にケアされていたと実感しやすいのは、通院・入院の際に親が心配していた、わが子を病院に連れて行ったというエピソードだったりします。

　このように、児童相談所の社会調査の際には、「将来、この子がライフストーリーワークを実施することになるかもしれない」ということを念頭に置いて、子どもにとって重要な情報を親から聞き取り、その内容を記録に残しておくことが重要です。ただ、子どもを預けるかどうかという局面では、ともすると一時保護や施設入所のために必要な確認手続きが優先されてしまいがちです。子どもの新しい生活場所が決まり、親も関係者も気持ちに余裕が出てきてから、あらためて子どもにとって重要な情報を親に尋ねてみてもよいでしょう。施設や里親家庭に子どもの面会に来た際が、絶好のチャンスだということができます。

　以下に、家族や生活史に関する情報を集める際のポイントをいくつか挙げるので、参考にしてください。

①乳幼児期の不十分な記憶を補うための"具体的"な情報を集めておく。

【例】親の名前・生年月日・出産時の年齢・職業。
　　　出生時の身長・体重、生まれた病院名、生まれた時刻。
　　　かつて住んでいた市町名・住所。
　　　住んでいた家の近くにある物（公園・店・自然など）。
　　　通っていた幼稚園や保育所の名前。
　　　病気・ケガ、通院・入院等の履歴があれば、その事実。
②視覚的な情報やゆかりの品々を保管・収集する。
【例】親から聞き取った内容は紙に記録しておく。
　　　家族構成はジェノグラムを作っておく。
　　　親からのプレゼントの品や幼児期の写真を預かっておく。
　　　かつて住んでいた家・地域の写真を残しておく。
　　　子どもにすぐ見せるかどうかはともかく、戸籍や住民票を取り寄せておく。
③可能なら、その場にいた人・直接やりとりした人に説明してもらう。
【例】実際に親とやりとりをした職員から、親の話を聞く。
　　　一時保護所にいた時の様子を、当時の保護所職員から聞く。
　　　小さい時に話していたことや遊びの様子を、当時の担当児童心理司から聞く。
　　　乳児院や幼児の頃の様子を、当時の施設職員から聞く。

　運良く、過去に実際にかかわっていた担当職員から子どもが直接話を聞く機会がもつことができるのなら、ぜひ実現させましょう。今の担当職員が当時の記録・所見等を代わりに読み上げるよりも、説明内容が一層リアリティを増します。また、話し手（＝過去にかかわっていた職員）と聞き手（＝子ども）との間に、当時の出来事や記憶を共に確認し合うようなやりとりが自然に発生し、その場の雰囲気も大いに盛り上がりますし、子ども自

身、過去の情報に対する納得が高まるようにも思います。ライフストーリーワークを実施する際に心がけたいポイントです。

第6節──関係機関や職種間ではどう連携すればよいか

　社会的養護の子どもたちにライフストーリーワークを実施する時には、子どもとその家族についてのアセスメントを関係機関で共通理解することが前提です。そのうえで、誰がセッションの主担当者になるかにかかわらず、協力体制を確立し、役割分担をすることが重要です。関係機関には、児童相談所、入所施設・里親、学校、医療機関などが挙げられます。またケースによっては保護者や親族の協力を得ることもあります。特に児童相談所と入所施設・里親の連携は不可欠です。

　また児童相談所には児童福祉司、児童心理司、スーパーヴァイザー、医師、管理職などの職種があり、施設にも施設長、主任指導員などスーパーヴァイザー、FSW、指導員、保育士、施設心理職などの職種があります。関係機関での連携だけではなく、それぞれの職種がそれにあった役割をもち、協力することも必要です（表2-1）。ここでは「施設入所中の子どもに対して個別の面接機会を設けてライフストーリーワークを実施する場合」を想定して、連携のポイントを紹介します。

①ライフストーリーワーク実施前の連携

　子どもの状態や家族状況のアセスメントから、その子どもにとって今、ライフストーリーワークが必要であるという共通理解をもちます。それが連携の第一歩です。そして実施内容の検討とともに、想定される子どもの変化やリスクを関係機関で一緒に受け止める体制を考えます。子どもに何らかの行動化や退行などが見られる時、生活担当職員だけが引き受けることは困難です。担当職員が混乱や不安を抱えたまま、子どものケアにかかわると、さらに子どもの不安定につながります。たとえば、主任指導員が

表2-1　ライフストーリーワークにおける機関、職種間連携の例

	職　種	役　割
児童相談所	児童福祉司	情報収集、保護者親族との面接 事実を伝えるセッション時の参加
	児童心理司	セッション（個別面接・ワーク）の主担当
	担当課長	セッション担当者へのスーパーヴァイズ
	児童精神科医	子どものリスク判断
入所施設	施設長	生活担当職員の勤務調整（通所のため） 全職員への周知
	主任指導員	生活担当職員へのスーパーヴァイズ 担当職員自身の混乱や不安感へのフォロー
	生活担当職員	実施のための児童相談所への子どもとの通所 （内容に応じて）セッションへの参加・同席 セッション内容の施設内での周知
	施設心理職	子どもの状態把握

スーパーヴァイズを行い、担当職員自身への支援をすること、また子どもの状態によっては児童相談所の児童心理司や医師などからも助言することなどを事前に話し合っておきます。

②ライフストーリーワーク実施中の連携

　実施中は子どもの変化を把握し、それに合わせた対応をしていく必要があります。そのためにはセッションの主担当者はセッションごとに実施内容を施設の生活担当職員に伝え、その内容を施設全体が理解しておくことが大事です。子どもたちは日常生活のなかで、ライフストーリーワークにかかわることを話すこともあり、どの職員もそれに対し、適切な対応が求められます。また子どもの動揺や行動化が激しい時などは関係機関でカンファレンスを実施し、実施内容の見直しをします。場合によってはライフストーリーワークの中断や、心理治療など他の支援の導入も考えます。

③ライフストーリーワーク実施後の連携

　日本においてはまだ欧米諸国のようにライフストーリーワークを何年も継続することは難しいのが現状です。いったんは終了した子どもたちのなかで、自ら「もっと知りたい」などを表明してくれることがあります。聞くことができると子どもたちが気づいてくれたことは大きな成果です。この声を聞き逃さないために、関係機関の協力体制は継続していく必要があります。

第7節───実践の安全性を高めるために必要なこと

　ライフストーリーワークの実践は、子どもたちにとって大きな意義がありますが、同時に知らなかった真実や過酷な過去を知り、それを受け入れていくプロセスは混乱、不安、怒りなどの感情をもたらします。できるだけ安全に実践をするために、子どもとの関係づくりや関係機関との共通理解、スーパーヴァイザーの確保など、以下の項目も確認しておきます。

①子どもとの関係づくりの手法をもつ

　ライフストーリーワークには主たるセッション担当者と子どもとの関係づくりが不可欠です。虐待等の影響で、アタッチメント形成に混乱があったり、コミュニケーションのスキルが年齢相応に獲得できていない子どももいます。子どもの間で安心できる関係を作るには遊びを取り入れることが有効です。そのためにセッション担当者はより多くの遊びのスキルを学んでおく必要があります。

②子どもの状態を理解するためのトレーニング

　ライフストーリーワークをするには、子どもの状態や行動をしっかりと観察し、今何が起こっているのかを捉える力を高めていくことも大切です。そのベースとなる「アタッチメント」「トラウマ」「子どもの発達」などの

知識を学習する必要性もいわれています。

③セッション担当者・生活担当職員・里親との共通理解
　セッションの主たる担当者は、日常生活で子どもの支援をしている施設の生活担当職員や里親と一緒にライフストーリーワーク実践をしている意識をもちましょう。子どもの生活環境を安定させるために、定期的なカンファレンスをすることも望まれます。

④スーパーヴァイザーの確保
　ライフストーリーワークを実施していると、子どもとのワークのなかで対応に迷うことなどもあります。子どもとのライフストーリーワークを安全に実践するためには、進行状況や子どもの様子などの報告を受けて客観的な助言をするスーパーヴァイザーを可能なかぎり確保しましょう。主には進行管理、子どもの状態の理解とリスク判断、セッション担当者や他の支援者への助言を担うことになります。
　しかし、ライフストーリーワークについてスーパーヴァイズができる人は多くはありません。スーパーヴァイザーの確保が困難な場合は、相互にスーパーヴァイズをする「グループスーパーヴィジョン」などの活用も有効です。

（浅野恭子、山本智佳央、新籾晃子）

第3章 ライフストーリーワーク実践のポイント【実践編】
―生活場面型―

第1節──ソーシャルワークとケアワーク（生活場面）

　ライフストーリーワークは、英国では特にソーシャルワークの一技法として発展してきた経緯があります。英国では専門家の分業が進んでおり、ソーシャルワーカーが実践するいわゆる「セッション型」のライフストーリーワークがライフストーリーワークの本流として定着し、長年実践されてきました。しかしながら、英国でも近年では、里親や養親によるライフストーリーワークやそれに類する取り組み、さらにセッション型のライフストーリーワークを基底で支える養育者の役割が注目されています。

　これに対して、日本においてはライフストーリーワークの実践は始まったばかりです。生活場面型とセッション型のライフストーリーワークの特徴の違いや、それぞれの場における支援や連携のあり方が議論されるほどの実践の積み上げがなされるのは、これからの課題といえるでしょう。理論上でもソーシャルワークとケアワーク（生活場面）をめぐる定義は十分に整理されていませんが、実際の支援の現場においてもソーシャルワーカーとケアワーカーという2つの職域が厳密に分かれて存在しているわけではありません。しかし、子どもにしてみれば、目の前の大人がどのような職業なのか、どのような専門性を有しているのかということよりも、どのような存在なのか（「自分にきちんと向きあってくれる人なのか」「自分の疑問に真摯に答えてくれる人なのか」など）ということのほうがむしろ重要になるといえるでしょう。

さらに、児童福祉司の担当ケース数の多さから、児童福祉施設における子どもの担当職員や里親が、ソーシャルワーク機能を担っている場合もあるでしょう。たとえば、保護者に対する支援や、子どもと保護者または子どもの帰宅する地域との関係調整などを、施設側が行っていることは少なくありません。この状況をライフストーリーワークに当てはめてみると、子どもがライフストーリーワークに関するニーズを発する場は、数少ないソーシャルワーカー（児童福祉司、施設のFSWなど）との面接場面よりも、生活場面のほうが圧倒的に多いといえます。通常、セッション型のライフストーリーワークのなかでは、どちらかといえば子どもに「伝える」という側面が強調されますが、生活場面型のライフストーリーワークでは、子どもから「伝えられる」という側面を、より大事にしていく必要があります。そして、子どもが様々な形で表出するサインのなかから、彼らが本当に伝えたい声を聴きとり、子どもの利益につなげていくためには、子どものもっとも身近にいる養育者がソーシャルワークの視点を有していることが重要になります。子どもの言動の意味を的確に把握したうえで、他の専門職と協働すべきことについては積極的に情報を共有し、子どもたちの内的現実と外的現実を結びつけていくという視点が求められます。

　本章では、生活の場において実践されているライフストーリーワークを「生活場面型のライフストーリーワーク」とし、日々の何気ない生活がもつ重要な要素を見つめ直し、そのなかでライフストーリーワークの理念や技法をどのように活かしていくべきか、さらにはセッション型への移行や連携などについて考えていきます。生活場面型のライフストーリーワークにおいて大切になるのは、生活を豊かに営もうとする養育者の姿勢であり、普段の何気ない会話です。基本的な姿勢としては、子どもの肯定的なストーリーの基盤を形成していく安心・安全な生活を共に過ごします。そして、子どもの語る／語られないストーリーに耳を澄ませ、必要に応じて事実を説明したり、子どもの誤解や否定的な思い込みについては修正を図ることが必要になります。

第2節──ライフストーリーワークの基盤となる生活環境の構築

　子どもたちが事実を胸に収めていくためには、まず安心・安全な生活のなかで衣食住が心地よく提供され、自分が帰るべき場所があることや自分を委ねられる人に出会うことが重要です。あたたかいご飯を楽しい雰囲気のなかで一緒に食べたり、入浴時に丁寧に体を洗ってもらうといった、生活や身体を通したかかわりはケアの原点であり、「自分は大切にされている」という実感につながりやすいものです。セッション型のライフストーリーワークを安全に行うためには、基盤となる日々の生活の営みや信頼できる大人との関係性が絶対条件だといえるでしょう。言い換えれば、子どもの生の根幹にかかわる事柄にふれる前に、子どもを抱える環境を整えることがまずは大切だといえます。

　特に近年の社会的養護においては、虐待を受けた子どもの増加にともなって、様々な課題を抱えた子どもたちの養育が求められるようになっています。こころに深い傷を受けた子どもたちの成長や回復は、医師や心理職などによる限られたかかわりのみでは難しく、毎日の生活のなかで養育者との肯定的な体験を何度も積み重ね、育ち直っていくことが重要となります。あたりまえの日常を経験してこなかった子どもたちにとっては、ごく普通の毎日の繰り返しが何よりも治療的な意味をもつのです。

　毎日の生活のなかで、食事や睡眠が規則正しく提供され、次の行動が予測可能であり、住居が清潔に保たれ、いつも同じ場所に同じものが置かれていることは、不確かな世界に確かな流れを作り出してくれます。身近に「この人のようになりたい」「自分の親はこんな人だったのかもしれない」という大人がいたり自分を支える趣味や活動があること、将来目指すべき目標があり、具体的な未来を思い描けるようになることは、過去という足場を振り返っていくうえで大切になります。

　こうした安心・安全な時間や信頼できる大人の存在に支えられ、子どもたちは少しずつ自分の体験や気持ちを表現するようになります。けれども、

多くの子どもたちは日々の暮らしで豊かな体験をし、たくさんのことを感じとっているにもかかわらず、それを言葉にする力がまだ未発達です。とりわけ、自分の気持ちを的確に言葉にしてもらったり、他者と感情を分かちあうといった体験に乏しい子どもたちは、自分の心身の状態を内省したり、他人の感情を推し量ることに困難を抱えています。そのため、子どもたちが考えたことや感じたことを語れるようになるためには、良き聴き手に出会い、何気ない出来事であっても丁寧に耳を傾けてもらう機会に恵まれることが必要になります。朝の食事の時に、幼稚園や学校から帰ってきた時に、湯船につかっている時に、夜の寝かしつけの時に、様々な場面で養育者が子どもの話をじっくりと聴くことによって、子どもの自己表現力は洗練されていくのです。

　このようなことを考えた時に、私たちに最初に求められるのは、子どもから深い話を無理に訊きだそうとしたり、過酷な過去を突きつけることではありません。繰り返しになりますが、日常生活のもつ治癒力に目を向け、子どもが安心して自分を表現できる素地を形成していくことが大切なのです。

第3節───生活場面型ライフストーリーワークにおける養育者の役割

　子どもの記憶にない過去の姿を語り聞かせること、生活を共にしながら、日々の出来事を語りあい子どもと共有することは、養育者の大切な役割となります。たとえば、施設に長く勤務する職員はその子どもの幼少期をよく知っていて、「入所した日の食事はカレーだったよね」「あなたと初めて会った時はね……」「小さい時にこんなことがあったんだよ……」といったように、日常的な会話を通して、それとは意識せずとも子どもの生きてきた歴史を振り返り、子どものアイデンティティを確かなものにしています。こうした養育者のあたたかな視線を通して映しだされる子ども自身の姿や、ひいては養育者の姿勢や価値観は子どもの一部となっていくのです。

生活を共にするなかで、いつの間にか子どもの口癖やしぐさや、時には表情や顔つきまでが、担当職員に似てくることも少なくありません。養育者自身の趣味や得意なスポーツといった個人的な特徴、子どもの頃に考えていたことや感じていたこと、過去のアルバイトの体験、進路を決めた要因など、養育者が語る過去の個人史なども、子どもの将来のモデルとなり、大きな影響を及ぼします。もちろん、養育者の抱える未解決の葛藤や明らかに不適切な内容を子どもに話すべきではありませんが、身近な大人の歴史に子どもたちがふれることの重要性は心に留めておく必要があります。

　また、それぞれの家族ごとに伝承されている家族の物語と同じように、社会的養護の子どもたちにとっては、養育者や他の子どもと過ごす施設での日々の出来事や印象的な場面が、自分の物語の一部となっていきます。施設のなかには、子どもたちと過ごした日々の写真や、スポーツ大会で獲得した賞状や記念品などを飾っているところもありますが、「自分はこの時に～をした」「あの時に～がこんな面白いことを言った」といった武勇伝やユーモラスな会話が集団単位で繰り返されることによって、そのホームや施設固有の物語が形作られていくのです。ささいな事柄であっても、子どもと過ごす日々の出来事が子どもの歴史の一部になっていくのだという認識をもちながら、毎日の生活を積み重ねていくことが大切だといえます。

第4節　養育者自身の価値観・家族観を振り返る

　次に、生活場面型のライフストーリーワークを展開していくために支援者に求められることについて考えていきます。

　私たちは、子どもたちと暮らすなかで、彼ら自身も希求する所属感・自己肯定感・信頼感といった「普通の感覚」を伝えていく必要があると同時に、子どもの育ってきた家庭内の文化や価値観を理解し、多様性を尊重しようとする姿勢が求められます。生活場面型のライフストーリーワークを

実践する過程で、支援者は子どもの成育歴や家族史などに必然的にふれることになります。相手の深い部分にふれるということは、同時に私たちがそれまでに無意識に身につけてきた価値観や家族観と向きあうことにもなります。

　たとえば、「普通の家族とはこのようなものだ」「親とは（親子関係とは）こうあるべきだ」などの固定概念や、社会における多数派の意見に傾いていると、それぞれの子どもや家族が独自に身につけている価値観を否定してしまう危険性があることを自覚しておかなければなりません。

　このような傾向を自覚し、子どもを不用意に傷つける危険性を回避するためには、ライフストーリーワークを開始する前に、支援者自身が自らの成育歴を振り返っておく必要があります。しかし、これは容易なことではありません。自分の成育歴に起因する考え方のくせを見つめ直し、不安や恐れ、差別観などを克服していくためには、特定の他者を介して自己覚知を促進することが重要になります。そのためには、スーパーヴィジョンを受けることが望ましいといえますが、必ずしも定期的な機会を確保することは難しいかもしれません。

　そこで、まずは自分自身や信頼できる他者との間で自分の成育歴を振り返ったり、家族や親戚から自分の歴史についての情報を入手し、簡潔な自叙伝のようなものを作成するという方法もあります。これは、英国ではライフストーリーワークにかかわる支援者に対する研修などでも行われているものです。平穏に暮らしている家族であっても、おそらくは様々な喜怒哀楽の歴史や紆余曲折を経て現在に至っており、それぞれが固有の家族の物語をもっていることを理解することができるでしょう。こうした作業を通して、家族をめぐる様々な思いを表現することの安心感、葛藤や難しさなどを自分なりに実感し、子どもが少しでも安全に自分の成育歴や家族史を開示し、支援者との間で共有するために必要な要因について思いを巡らせておく必要があります。

第5節───子どもの客観的なライフヒストリーの把握

　次に、子どもの成育歴にふれていくうえで重要なことは、子どもの客観的なライフヒストリーを知っておくことです。社会的養護における子育ては中途からの養育であるため、養育者は「生まれた時の周囲の様子」「飲んでいたミルクの銘柄」「初めて話したことば」といった子どもがそれまでに成長してきた歴史や、育ちにまつわるエピソードを十分に知らないことがほとんどです。そのため、支援者はこうした情報を書面や、関係者・家族・本人などからの聞きとりによって把握することに努め、子どものそれまでの育ちについて想像を巡らせることが求められます。

　過去には、「子どもは施設に来て新しく人生をやり直すのだから、施設職員は子どもの過去を何も知らない状態で向きあうのがよい」「子どもは家族のことで傷ついているので、家族のことは何も聞かずに（言わずに）そっとしておいたほうがよい」といったように、子どもの生育史や家族のことを取り上げるのはタブー視する風潮が社会的養護のなかにもあったように思います。

　しかし、社会的養護のもとで暮らす子どもたちは、なぜ今の場所で暮らすのか十分に理解していなかったり、「僕が悪いからここに連れてこられた」「私のことが嫌いだから、家族は自分を施設に預けた」といった罪悪感や誤解を抱いていたり、生い立ちの記憶や家族情報についての混乱や空白が見られることがあるため、私たちはこうした疑問や不安に応えていくことが求められています。

　そのためには、養育者の側にも相応の準備が必要になります。子どもの言動や、不意の問いかけの背景にあるものを汲みとり、適切に対応するためには、子どもの家族背景や成育歴、入所の理由、子ども自身が自分にまつわる情報をどこまで知っているか、知らされているかなど、個々のケースの把握が不可欠です。いうまでもなく、子どもの情報を把握するということは、ライフストーリーワークのためだけではなく、子どもの全体像を

見立て、支援の手立てを考えるためにも必要不可欠だといえるでしょう。
　一方で、ライフストーリーワークを通して子どもの成育歴を知ることで、子どもに過度に同情的になったり拒否的になったりすることもあります。これは支援者の「巻き込まれ」や「逆転移」などといわれる現象です。困難を抱えた子どもとのかかわりにおいては、多かれ少なかれ生じやすいことですが、その結果、日常のケアに偏りが生じたり、養育者の疲弊につながることがあります。このような事態を防ぐためには、ライフストーリーワークを行う特定の職員だけではなく、複数の職員がチームとして子どもの背景や変化を理解し、子どものケアにあたっていくことが重要です。ライフストーリーワークに関する理解や意識を高めるための研修や勉強会、あるいはライフストーリーワーク開始前からの定期的なケースカンファレンスの実施など組織内外での理解と支援の輪を広げ、困難な作業に取り組む子どもと職員を支えることが不可欠になります。

第6節──子どもと養育者の関係性

　ライフストーリーワークの実施にあたっては、子どもを抱える環境を整えていくことが大切になります。そのなかでも、厳しい事実に直面する子どもに寄り添う養育者との関係性はとても重要になります。私たちは誰しもが、お互いの関係性や相手の人間性に応じて、大切な事実を打ち明けるものではないでしょうか。ですから、私たちにまず求められるのは、生活を共にするなかで、お互いの関係を自然に育んでいくこと、加えて子どもが「この人に（と）話がしたい、聴いてほしい」と思うような支援者になれるよう、自分の器を広げていくことだと考えられます。
　一方で、そうした関係性が十分に深まっていないからといって、必要な説明を行うのをためらうべきではありません。一時保護や施設入所時に、その経緯や理由、家族との交流の有無や時期、退所の見通しなどをきちんと説明する、自立支援計画の策定時に子どもを交えて今後の方針を定期的

に話し合う、施設入所中に自分が施設で暮らす理由があいまいになっている時にあらためて関係者からの説明の機会を設けるなど、子どもの疑問や不安にきちんと答える機会を保障しなくてはいけません。

　さらに、子どもに大切な事実を伝える、子どもから事実を伝えられる、という過程を通して、お互いの関係性が深まっていくという事実にも留意しなくてはいけません。人と人との関係性とは相互的なものであり、大人からの説明を受けて、真摯な態度に子どもが信頼を深める、子どもの告白を聞いて大人が子どもをより一層大切に思う、尊敬の念を抱くようになるというように、双方向的に発展していくものだといえます。

第7節───生活のなかで自己物語を紡ぐ

　生活の様々な場面で、子どもたちはふと「私のお母さんってどんな人なのかなあ……」「前にお家にいた時にね……」といったように、家族や家庭にまつわる話をしてくることがあります。それは、子ども自身が養育者と1対1で話す安心できる時間であったり、過去の家庭の状況に重なる場面であることが多いようです。お互いが並んで同じ方向を見て座っていたり、別の作業をしている時に、ふと話が出ることもあります。そのほかにも、面会や帰宅の直後、他の子どもとのやりとり、記念日などにもこうした話をしてくることが多く見られます。ここでは、そうした実際のやりとりを提示しながら、応答の特徴や工夫などを記述していきます。

> **事例1**：夕食の時、隣で一緒に食べている養育者に「僕小さい時から、みかんいっぱい食べてたんだよ。それで、いつもお母さんに食べ過ぎって言われたんだ。でも、もうお母さん死んじゃっていないんだ……」とつぶやく。〈喜んで食べてる、でも食べ過ぎてお腹壊さないかなって、お母さん心配だったのかな〉と応え、養育者自身も子ども時代にみかんが好きだったことを伝えると、「そうだったの?!」と笑

顔を浮かべ、亡くなった母親の思い出を話し続ける。

事例2：入浴中に養育者が体を洗っていると「俺、今までこんなふうに大人の人に体を洗ってもらうことってなかった……」とつぶやく。養育者がはっとして子どものほうを見ると、本人はうつむいたまま、母親は浴槽にお湯を張って仕事に行くが、彼と弟が入る頃には冷たくなっていたこと、小さな弟をお風呂に入れるのは自分の役目だったことなどを、話し続ける。

事例1・2のように、小さい頃に遊んだ玩具、母親が作ってくれたメニュー、家庭で聞いていた音楽など、過去の状況に重なった場面が子どもたちの記憶を呼び起こすことがあります。私たちの記憶は、覚えた場所や特有の心理的・生理的状態と強く結びついていることが知られています。子どもたちの過去は多くの場合、面接室での会話を通してではなく、日常のふとした瞬間に思い起こされるものなのです。

事例3：同じホームで暮らしている兄弟が遊んでいる姿を一緒に見ながら、〈兄弟で仲がいいよね。そういえば、あなたにはきょうだいはいるの？〉と尋ねる。「うん、写真で見たけどお兄ちゃんがいたみたい」と答える。

事例4：お風呂で子どもの髪を洗いながら、〈〜ちゃんの髪の毛はサラサラだね。きっとお父さんかお母さんもサラサラの髪の毛なんだね〉と話しかけると、「〜ちゃんのお母さんはね……」と母親の話を始める。

事例3・4は、子どもの認識している自己像や家族像、子ども自身の意向や希望などを確認するため、養育者のほうからこうした話題をあえて持

ち出した例です。もちろん、子どもの状態や家族との関係性によっては安易な問いかけは慎むべきですが、事例のように自然な流れを捉えて子どもに不明な点を確認することができるのは、生活場面の強みといえます。

> **事例5**：朝起きると、「俺、今日で施設に入って3年目なんだ」と話をしてくる。〈そうだね、3年前の今日にここに来たんだよね〉と答え、子どもの話を聴く。養育者の記憶している当日の天気や食事の内容、本人の様子などを話し、〈これからもよろしくね〉と話す。

> **事例6**：朝から元気がない様子なので、自室にいる子どもに養育者が声をかける。しばらく話しているうちに「今日、お父さんの命日なんだ……」と、父親との思い出を話し出す。話を聴き、墓参りに一緒に行くことを約束する。

事例5・6のように、子どもの誕生日や入所日など、特定の日時には様々な反応が見られます。そのため、場合によっては喪失を悼んだり、自己肯定感を育む支援が求められます。故人の命日の前後には、その故人への思いがよみがえり、心身の病的な反応を起こすことがあります。そのため、こうした子どもにとっての重要なライフイベントの年月日はきちんと記憶しておきたいものです。

上記で挙げた事例は、セッション型のライフストーリーワークとは異なり、日常のやりとりのなかで自ずと子どもが過去を振り返ったり、捉えなおしをしている点が特徴的です。子ども自身のタイミングやペースに応じて行える利点があり、センシティブな話題に自然にふれることができる、より望ましい実践だといえます。しかし同時に、子どもの発するサインを捉えることができるだけの感性や想像力、的確な応答などが養育者に求められるともいえるでしょう。

第8節──実施上の注意点・留意点

　上記のように、子どもたちが自分の過去を語り始めた時、それをどのように聴き、どのように対応するべきなのでしょうか。特に経験の少ない養育者にとっては、子どもから家族の話や過去の外傷体験を聞く場面で戸惑うことも多いでしょう。ここでは、そうした場合の注意点や留意点をいくつか挙げます。

●話を聞く時間帯や子どもの状態への配慮

　就寝時など活動性が徐々に低下し、落ちつきを促す時間に、子どもが深い話をし過ぎることによって、かえって過覚醒になったり、翌日からの生活に影響が出たりする場合があります。また、普段から注意を向けられる機会が少ない集団養育においては、養育者の興味や関心を惹くために過去の話を持ち出すようになることもあります。また、「あなたは悪くない」というメッセージを子どもが誤って受けとってしまうことによって、すべてを過去の虐待に結びつけて、不適切な振る舞いを正当化するようになることもあるかもしれません。こうした場合は養育者をはじめとする支援者の間であらためて協議し、話しあいの時間を他に設けたり、子どもへの言葉かけを工夫するなどの対応が必要になります。

●集団養育への配慮

　ライフストーリーワーク発祥の地である英国では、社会的養護の主な形態は里親支援や養子縁組です。一方で、日本の社会的養護は小規模化への変革期にあるとはいえ、施設で集団生活を送っている割合が依然として多いでしょう。そのため、ライフストーリーワークを行う際には他の子どもへの影響を考慮する必要があるといえます。たとえば、「なぜあの子だけ先生と2人でアルバム作りをしているの？」などと、ライフストーリーワークに取り組む子どもに対して、他の子どもが不公平感をもつかもしれ

ません。
　一方で、養育者が子どもの成育歴や家族について共に真剣に向きあっている姿を目にすることは、他の子どもにも良い影響を与えることもあるでしょう。それは、自分の成育歴や家族のことをまだ直視できない子どもたちにとっても、そうしたことについて興味をもち、知りたいと思った時にはいつでも支援者に尋ねてもよいのだというメッセージにもなります。

● 施設独特の養育環境への配慮
　上記のような集団養育への配慮とともに、施設での暮らしは、様々な点において家庭での暮らしと異なり、子どもたちの自己形成への影響に配慮する必要性があります。たとえば、幼い頃から施設で暮らす子どものなかには、家族という概念が希薄で、父親と母親から自分が誕生してきたという事実を十分に認識していないことがあります。あるいは、幼児と一緒に養育者が入浴をしない施設では、子どもと大人、あるいは男女の体の違いを自然に学ぶ機会に恵まれないことになります。一概にこのような環境が良くないということではなく、失われがちな機会をどこで補うかという視点を常にもっておくことが大切です。

● 子どもが不安定になった時への対応
　ライフストーリーワークを行う際に、子どもが時に不安定になることを事前に想定しておくことも重要です。ライフストーリーワークの過程では、告知の有無にかかわらず、子どもが自分の成育歴をより詳細に知ることになります。それが肯定的なものであっても否定的なものであっても、自分の成育歴について新たな理解を獲得していくことは、誰にとっても大きな負担となるものです。そのため、ライフストーリーワークを実施する際には、子どもが大変な作業に取り組んでいることを施設内外の支援者が十分に理解し、子どもを支える環境を構築していくことが必要になります。そして、生活での不安定な様子がライフストーリーワークの実施に起因する

と考えられた時には、〈あなたが今頑張っていることをちゃんと分かっているよ〉〈みんな、あなたのことを応援しているよ〉というメッセージを、直接的ではないにせよ、きちんと子どもに示していくことが大切です。

第9節───記録の保存・保管

● 記録の書き方

　養育者が作成する日々の記録とは、子どもにとってどのような意味をもつのでしょうか。英国では記録の保管年限や当事者がアクセスしてきた際に開示するための専門職が配置されていますが、日本では、まだ記録の保管年限や開示手順などが細かく規定されるまでには至っていません。今後、わが国においても個人情報に関する法整備がなされることが予想されますが、現在でも自分の記録にアクセスしたいという当事者はすでに相当数存在し、施設職員の対応が求められているという現状があります。特に職員の退職や交代勤務など、養育者の交代が避けられないことが多い、現状の社会的養護においては、子どもの感情や認識を複数の養育者で共有し、引き継いでいくことが必要になります。

　それでは、当事者の利益につながるような記録とはどのようなものでしょうか。たとえば、子どもの成長や強み、達成点、ほほえましいエピソードなどを意識的に記載することは、その一つです。また、客観的事実だけでなく、養育者や他の子どもたちと営むその時々の暮らしの情景が、具体的に浮かぶような内容も望ましいかもしれません。忙しい毎日のなかで記録を綴る負担は大きいものですが、私たちは、「当事者がいつか記録を読んだ時に力になるように」という見地から、記録の頻度や内容を見直すことが求められます。

● 写真の保存

　子どもが現在そして将来にライフストーリーワークを行う際に準備する

もののなかで、まず重要になるのは写真です。文字情報と比較し、視覚的な情報は子どもたちに直接的に訴えかけるものです。もちろん、写真がなければライフストーリーワークが実施できないというわけではありません。イラストやコラージュなどを代替品として用いることもできるでしょう。しかし、子ども時代のアルバムを作ることも多いため、ライフストーリーワークをするかどうかにかかわらず、社会的養護で育つ子どもの写真は大切に保管しておく必要があります。特に、子どもの記憶にない乳幼児期の写真は、将来的に彼らが成育歴を振り返るうえで非常に重要になります。作成したアルバムについては、子どもたちが日常的に過去を振り返れるよう、身近な場所に置いておくことが望ましいでしょう。

　写真に関して留意したいのは、写真の撮り方やタイミング、一緒に映る人などです。子どもの所持する写真が、行事の際に撮影したものばかりだったり、集団で撮影したものか個人写真のどちらかに偏っていることもあるかもしれません。どの写真も価値のあるものですが、自分の顔が大きく映っている個人写真や、反対に一緒に暮らしていた養育者や仲間たちと撮った写真、あるいは行事の時だけではなく日常場面が切り取られた写真を希望する子どもは少なくありません。何気ない生活場面の写真が、子どもの記憶にない幼少時の暮らしを知るための貴重な情報源になるのです。

　日常場面での写真に加えて、人生の節目となるようなタイミングでの写真も、成育歴を確認していくうえではとても大切になります。たとえば、生まれた病院の写真や入所日の写真、幼稚園や学校の入学時・卒業時などです。そのような場面に立ち会う支援者は、将来的に子どもの自己形成の一部を担う大切なエピソードを形に残しておくのだという意識が求められます。子どもが成長してから、自分の過去の軌跡が目に見えて振り返れるよう、心がけたいものです。

- 記念物の保管

　子どもが作成した美術や工作の作品なども、子どもの肯定的な側面を発

見するのに役立ちます。作品が増えて管理に困る場合は、すべてを現物で保管するのではなく、定期的に写真などに収めておくことも可能です。また、記念でもらったメダルや賞状などを額縁などに入れて大切に飾っておくことによって、本人だけではなく子どもの住まいを訪れる他者が子どもの成長を認めるきっかけとなったり、子どもの特徴や長所を一目で理解できるようになります。

第10節───セッション型への移行

　幼少時から子どもの発するサインに対応していれば、生活場面型のライフストーリーワークだけで自然な形で子どものニーズに応えられる場合も多いでしょう。しかし、なかには、生活場面におけるライフストーリーワークだけでは不十分であり、セッション型のライフストーリーワークへの実施が必要だと思われる場合もあります。以下に、その例を挙げてみましょう。

1. 生活場面で養育者とかかわる時間が十分に確保できないケース
2. 子どもとの距離が近い養育者以外の者が行ったほうが適切なケース
3. 生活場面とは異なる場や時間設定のほうがより効果が期待できるケース（思春期の子どもや、場面の切り替えが難しい子どもの場合など）
4. 新たな事実の告知が必要なケース
5. 子どもの家族を交えたほうがより望ましいと考えられるケース
6. 子どもがトラウマを抱えており、治療的なかかわりが必要なケース
7. 複雑な問題が絡み、専門的な知識や知見が必要なケース（国籍、疾病、法的な問題など）

　上記のようなケースでは、生活のなかでのかかわりだけでは子どもの課題に応えることが難しいため、特別な時間と場所を設定して、セッション

型のライフストーリーワークに移行（連動）していくことが必要になります。

　セッション型のライフストーリーワークに移行する場合、子どもの養育者が面接に同席することも少なくありません。その場合、セッションのなかで話しあわれた内容が生活でも話されたり、セッションに同行する行き帰りの途中などで、様々な反応が表出されることがあります。このような時に、どの話題を生活のなかで扱い、どの話題をセッションのなかで扱うか、ある程度の配慮が求められます。そして、実際に子どもが話をはじめた時には、今話をしたことに意味があると考えて大切に受けとめる、明らかに家族や過去の話をするには不適切な場面である時に〈大切な話だから、今度の（ライフストーリーワークの）時間にゆっくり話を聴かせてね〉と応じる、〈今そういうふうに感じるのは、この前のお話の時間（ライフストーリーワーク）に話したことと関係しているのかなあ〉と過去と現在のつながりを指摘するなど、その時々の判断があるでしょう。生活のなかで起こりうる問題についてあらかじめ想定しておくと同時に、ライフストーリーワークの実施が現在の子どもの状態にどのように影響を及ぼしているか気を配り、関係者と緊密に情報を交換しておく必要があります。

（楢原真也、徳永祥子）

【文献】

楢原真也（2015）『子ども虐待と治療的養育──児童養護施設におけるライフストーリーワークの展開』金剛出版

第4章 ライフストーリーワーク実践のポイント【実践編】

―セッション型―

第1節――セッション型ライフストーリーワークの意義

　本章では、セッション型ライフストーリーワークの意義について述べます。前章のように、子どもが生活場面で自身の生い立ちについての疑問や不安などについて吐露し、それに対して養育者が適切に応えていくことができれば、セッション型のライフストーリーワークを展開する必要性はないかもしれません。しかし、現在の日本の社会的養護においては、子どもに自分の疑問や不安を自由に語る時間や場面を保障することは容易ではなく、子どもから「自分の親は今どこにいるの？」「なぜ自分はお家に帰れないの？」といった疑問が出たとしても、忙しい生活場面のなかで、複雑な事情について継続的に話しあっていくことは難しいこともあるでしょう。特に、子どもや家族の抱える課題によっては、養育者以外の関与が必要だったり、より専門的な知見や知識が必要なケースもあります。このような場合には、あらかじめ関係者で十分な準備をし、子どもの最善の利益を計画的に検討できるセッション型のライフストーリーワークのほうが、より望ましいと考えられます。以下に、その手順について説明します。イギリスより学び、日本での実践に応用したものです。

◆◇◆セッション型ライフストーリーワーク・手順◆◇◆
（施設入所中の子ども向けの場合）

① 実施に向けての情報収集を行います。たとえば、生みの親や家族の氏名や状況、入所理由、子どもの各年齢でのエピソードなどです。

② 対象の子どもについて、実施の必要性があるのか、そして、実施が可能かどうかの実施検討会議（施設と児童相談所の職員が参加）を行います。

③ 実施が必要であるとの方向性の共有ができ、実施可能性が高いとなったら、関係者によるライフストーリーワーク計画会議を行います。情報が足りない場合は情報収集に戻ります。以下は、ライフストーリーワーク計画会議の大まかな内容です。

- 子どもの現状、子どものニーズ、主たるセッション担当者は誰にするのか、何回実施できるのか、今回のライフストーリーワークのゴールはどこに置くのか、それぞれの内容は何をするのかなど、関係者で話し合います。サポート体制なども確認し、ライフストーリーワークを開始できると具体的に判断されたら、実施の枠組みをどのように設定するかを話し合います（児童相談所職員がセッションの主担当となる場合は、年度末の職員の人事異動を考慮して、3月末でいったん終結できるよう、計画を立てます。民間の施設職員がメインとなって実施する場合で人事異動を想定する必要がない場合は、年度をまたがって継続的に実施できる可能性があります）。

- 一応の計画が立てられたら、1回目のセッションに向けて、子どもにどう説明するのか、ライフストーリーワークの実施場所にどう誘うのかなど話し合い、スタートします。

④ スタート後は、関係者でできるだけ実施後に話し合いの場をも

ち、子どもの日常生活にどのように影響しているかなどチェッ
　　クします。子どもの日常生活での行動化が予想以上に出た場合
　　は実施途中で話し合いを行い、計画の見直しをします。
　⑤ゴールまで来たら終結します。
　⑥アフターケアについても行い、今後、再度のライフストーリー
　　ワークの必要性がある場合、その時期についても設定（予定）
　　し、終結します。

　施設入所中の子ども対象のライフストーリーワークであれば、以上が大体の流れですが、里親家庭など小規模で家庭的な環境においては、養育者自身が子どもに対して、セッション型ではなく日常生活のなかで時間を見つけて実施することも可能かもしれません。この場合は生みの親についての話題を扱うのでなく、現在の住まいに来てからの生活を振り返るメモリーワークが望ましいでしょう。そして、それ以前の過去を扱う場合は、児童相談所の職員がセッション型で実施するのが望ましいでしょう。この場合、児童相談所職員と養育者は綿密な連携を図る必要があります。

第2節───どうやって子どもをライフストーリーワークに誘うか

　今の日本では、社会的養護の子どもたちが自ら「ライフストーリーワークをしたい」と希望してくることはまだまだ稀だと思われます。そのため、子どもをセッション型ライフストーリーワークに誘う場合には、

①子ども本人から「（自分の出自や家族の状況などについて）知りたいことがある」と申し出があった時に、ライフストーリーワークに誘う
②（児童相談所・施設・里親といった）大人の側から、「あなたのことで伝えておきたいことがある」とか「あなたと一緒にこれまでの生活の振

り返りをしたいのだが……」と切り出し、その具体的な方法としてライフストーリーワークを行う

の2つのパターンが考えられます。
　ライフストーリーワークを行ううえで、子ども本人が自身に関する重要な情報について「知りたい」「調べてほしい」と希望していることが最も重要な条件だと考えます。子どもに良かれと思って大人の都合やタイミングでワークを始めてしまうと、心の準備ができていない子どもの側からすると「知りたくないことを無理やり聞かされた」「思い出したくないことを無理やり振り返りさせられた」といった心情になりやすく、振り返った内容や新しく伝えた情報を消化できないこともあります。
　また、社会的養護の子どもは、自身の生い立ちや家族に関する情報について子どもなりにつらい内容を予測していることも多いと感じています。子ども自身が「聞きたい」と言葉にできるということは、その内容を子ども自身が受け入れるための心の準備がようやく整ってきた証拠、という見方もできるのではないでしょうか。
　その一方で、社会的養護の子どもには、様々な理由から自分の生い立ちについて質問しにくい状況があるようです。担当職員の変更や異動によって誰に聞けばいいのか分からない状況に陥っていたり、今の自分の生活を支援してくれている施設職員に対する遠慮が働いて自分の親・家族のことは聞きにくい（忠誠葛藤）といった場合が多いように感じています。何より、子どもたちのシビアな歴史を思うと、児童相談所や施設・里親にとっても、なかなかふれにくい話題という側面もあります。そのため、日頃から自分の生い立ちについて話題にしやすい雰囲気づくりが重要です。
　児童相談所の職員なら、施設や里親家庭の子どもに面会に行った際に「こんなことって、実は気になってない？」と誘いかけてみるのも一つの方法です。
　たとえば、

「家族と離れて暮らしていると、家族の様子って気になってない？　これって施設の子どもたちは身近な大人には聞きにくいみたいだけど」

「施設に来ることになった理由って、誰かにちゃんと説明してもらった？　これが分からないと不安だよね？」

「お家を離れてから長くなっているけど、お父さんやお母さんの名前や年齢って、ちゃんと覚えてる？　もし忘れちゃったのなら、ちゃんと説明するからね」

「自分が前にいた家とか、学校とか、今どうなってるか気になったりしていない？　思春期の年頃なら、こういうことが気になって当然だけど」

といった感じです。

また、そうした質問に「ウン、実は……」という返事が返ってくる確率が高そうな年代やケース事情の子どもに対しては、特に意識して誘いかけておくことが重要です。

とはいえ、その場で「○○のことを聞きたい」と言い出す子どもはあまり多くないでしょう。そのため、この面会の際に施設の担当職員にも同席してもらっておくことが重要だと考えています。子どものニーズを感じている職員なら、生活場面で「この前のことだけど……」と子どもにあらためて尋ねてくれることが多いです。その時に、知りたい気持ちが高まってきていれば「実は……」と子どもが話をし出し、後日、施設から児童相談所に連絡が入ってライフストーリーワークにつながった、という例がいくつもあります。

施設職員や里親といった現在の養育者に、自分の出自や出身家庭の状況等をオープンに話せる子どもであれば、こうしたセッティングは不要でしょうが、様々な事情から養育者が子どもに誘いかけにくい場合は（普段の生活から少し距離がある）児童相談所がライフストーリーワークに誘うのも一つの方法といえるでしょう。

第3節──ライフストーリーワークで使われる手法・ツール・アイテム等の紹介

　ライフストーリーワークは「ワーク」ですので、様々な手法があり、いろいろなツールやアイテムを使いながらワークをします。以下に参考となるものを紹介します。

1．**ライフストーリーブックの作成**：ライフストーリーワークでは必ずブックを作成するのではありませんが、できるならブックを作成し、施設を退所する際や里親委託が解除される際には、子ども自身が自分の生い立ちの記録として、作成したブックをもっていけるとよいでしょう。そして、イギリスでは多くの里親宅を転々とすることが多く、その際に自身のこれまでの歴史を説明するのにブックを使って行っています。日本でも、ライフストーリーワークを実施した足跡として子どもの手元に残ると、後で見直したり、もっと年を重ねてきて、ライフストーリーワークの続きをする際にブックがあれば、その追加ができるでしょう。しかし、それはあくまで、子どもの意思に従うべきです。子どもが残したいと思うものをブックに入れましょう。そして、実施者はブックのコピーをもっておくべきです。なぜなら感情があふれ出て、子どもがブックを破ってしまうこともあるので、後でやり直したい時に、コピーが必要となってくるからです。
2．**家系図の作成**：知らなかった親族などをいきなり実施者が書いて知らせるのではなく、まず、子どもがどんな親族を知っているのかから入ります。そして、ワークが進むにつれ、子どもが受け止められる状態かどうかを見極めて、知らなかった親族の名前や関係を話します。
3．**生命誕生の絵本を使う**：小さい頃から施設暮らしの子どものなかには、赤ちゃんがお父さんとお母さんから生まれてくるのだということも知らない場合があります。その場合は、まず、生命誕生の不思議から絵

本を使って知るところからスタートすることもできます。
4. 地図と移動のワーク：子どもがどこで生まれ、育ったのか、現在までの移動を、地図を使って調べ、地図上に記します。視覚的に見て、子ども自身が自身のこれまでの移動を体感することができるでしょう。もし、外国籍の子どもであれば、その国がどこにあってどのような文化、慣習をもっているのか、その民族的ルーツを扱いましょう。
5. エコマップの作成：子どもの現在の生活を知るために、誰と関係し、どこに所属しているのかを、子ども自身に書いてもらう、あるいは、実施者と一緒に作ります。作成することにより、子どもが誰と強い（あるいは弱い）関係か、時には険悪な関係か分かります。
6. 感情カード：子どもは自身の感情を言葉で表現するのが苦手であったり、表現方法が分からなかったりします。そんな場合、感情カードを使って、今の気分はどれ？ と子どもがカードを選ぶことにより、子どもが自身の感情を表現することができます。
7. ゆかりのある場所への訪問：過去に入所していた、乳児院や施設を訪問し、自分が小さい頃どんな子どもだったかを聴くことにより、過去が生き生きとしたものとなります。また、自分を支えてくれた人がこんなにいたのだという実感をもつことにつながります。いきなり訪問するのではなく、事前の準備は欠かせません。また、準備が整えば、生まれた産院を訪問することもできます。
8. 年表づくり：これまでの生い立ちを、年少児であれば、線路と駅に見立てて、模造紙に書いて年表を作ることができます。年長児であれば、数字と出来事の表にすることもできます。
9. おもちゃを使った自己開示のワーク：セッションの初期であれば、おもちゃは子どもとの関係づくりに使えます。セッションが進んだ時期であれば、たとえばジェンガ（註：直方体のブロックを組んだタワーから、崩さないようにブロックを抜いたり積んだりするゲーム）で、それぞれのブロックに番号をつけておいて、その番号を引くと、あらかじめ用意

してあった質問にみんなが応えるというルールにして、聞きにくい質問を子どもにすることができます。
10. **写真を集める・様々な場面の写真を撮る・ブックに写真を貼る**：子ども自身の写真はもとより、親や親族の写真も集めて、ブックに貼り、事実の確認とその際の子ども自身の感情をブックに表現することは、生き生きとした過去を扱うのに役立ちます。子どもによっては、その時の気持ちを表現して、整理する必要がある場合にも役立ちます。

以上、子どもの年齢、成熟度やライフストーリーワークに取り組む意欲などによって、いろいろな手法・ツール・アイテムを使うことができます。

第4節———子どもが知らなかった情報を伝える際の留意点

たとえば、社会的養護で生活することになった理由について、支援者は「伝えた」「知っているはず」と思っていても、子ども本人は「聞いてない」「知らない」と主張する場合があります。このように、支援者が把握している情報と子どもの記憶が一致しないことが、社会的養護の現場では時々生じます。

過去に確実に説明を受けていたとしても、理解度や関心が伴っていなかったため、その内容を子どもが覚えていないことも多く、社会的養護の子どもに対してライフストーリーワークを行う際には、子ども本人がすでに知っていると推測される内容であっても、子どもが知らない情報が含まれることを想定して対応したほうがよいでしょう。

子どもの記憶力は曖昧なので、伝えられていた場合であっても「覚えていない」と答えることは大いにあり得ますが、実際には、支援者が伝えた内容・時期と、子ども自身の理解度やそれを受け止める力が一致していないことが多いように思います。

社会的養護の子どもたちを見ていると、成長とともに複雑な事情を理解

する力は年々増し、自身の出自や家庭状況等を詳しく知りたい気持ちが強くなるようです。その意味では、「○○のことを知りたい」と子どもが言ってきたり、子どもの知りたい気持ちに支援者が気づいた時が伝えるタイミングといえそうです。

　この点については、たとえば、ある程度理解力が育った時期（たとえば、施設退所時）に一度にまとめて生い立ちの整理をするよりも、子どもが比較的低年齢（たとえば、就学前）のうちから何度も繰り返して・小分けに話していき、子どもの年齢に合わせて徐々に複雑な・本質的な話にふれていくほうが、子どもも唐突な印象をもたずに聞けるように感じています（註：イギリスにおいても、同様に「点滴のように、少しずつ・繰り返し伝えていく」という実践方法が提唱されています）。

　個人差はありますが、どんな内容であっても自分が知らなかったことを聞かされるのはショッキングなことですし、時間が経ってから同じ内容を聞いた時の受け止め方は、以前とは異なる場合も多いです。子どもにとって重要な情報を伝えるということは、それに伴う子どもの複雑な感情を支援者がしっかり引き受ける必要があるということです。現在の養育者（施設職員・里親等）が、ライフストーリーワーク後に生じるかもしれない子どもの動揺を受け止めることのできる関係性にあるかどうか、が非常に重要となってきます。その意味では、現在の養育者と子どもとの関係が良好でない状況（たとえば、思春期の真っ只中など）や、養育者側の事情で子どもを支えることに注力できない状況（たとえば、施設内が落ち着かない状況の時や、里親家庭に病人や要介護者が出た時など）では、子どもに対して新しい情報を伝えるのを控えるという選択肢もあるでしょう。

　新しい情報を伝えた際には、伝えた時期・内容を明らかにしておくためにも伝えた日・内容等を書面にして残しておくことが必要だと考えます。同じ書面を子ども本人、現在の養育者、児童相談所が保管し合っておくと、後々の確認が容易になります。

　また、子どものさらなる疑問・質問に対して適切にフォローできる体制

があるかどうかも重要です。自分たちのもっている情報をしっかり把握し、子どもの成長に合わせてどのようなライフストーリーワークを実施するのか、支援者側がしっかり計画を立てていくことが求められます。

　ただし、では誰が子どもに新しい情報を伝えるのがよいか、言い換えれば、誰が主体となってセッション型ライフストーリーワークを実施するかは、ケースによって異なります。「この人・この職種」と言い切れないことも、ライフストーリーワークを実施するにあたって、かかわる支援者たちに迷いを生む要因になっていると思われます。

　だからこそ、支援者たちが常に連携し、チームでその子どもを支える体制を作っていくことが重要だと考えています。

第5節──多職種によるフォロー体制の確保

　セッション型のライフストーリーワークでは、第1節で述べたようにその実施には多職種がかかわることになり、その連携が欠かせません。いつも子どもの前に現れるセッションの主たる担当者と、子どもの養育者、つまり施設の生活担当職員や里親が同席する方法が望ましいと考えます。ただ子どもによって、担当職員や里親は同席しないでほしいという要望がある場合は、セッションの主たる担当者のみが現れます。

　誰がセッションの主担当者になるのかは、その状況により違いますが、児童相談所職員なら担当児童福祉司、児童心理司、医師が候補になります。施設職員の場合は、身近な生活担当職員ではなく、FSWや主任保育士や施設心理職等がセッションを担当することが想定されます。なぜなら、子どもが事実を受け止める際に、身近な生活担当職員には子どもを支える役目を担ってほしいからです。一人あるいは複数の担当者でセッションを進めていく場合もあります。どちらの機関が実施する場合でも、児童相談所と施設との連携は必須です。

　ライフストーリーワークの実施導入部分では、子どもの生活担当職員の

役割が大きいといえます。生活担当職員がライフストーリーワークについてしっかり理解していて、担当の子どもをセッション型ライフストーリーワークに誘うことができれば、スムースに導入できるでしょう。

　その後、セッションの回数を重ねて安心・安全な場になってきた後、真実告知を少しずつすることになります。知らなかった真実を知り、過去の生い立ちの受け止めにくい部分にふれた際には、子どもはショックで日常生活にも影響が出る場合があります。少し急ぎすぎたなと思われる場合には、セッションを先に進めるのではなく、生活担当職員らも一緒になって子どもとの関係づくりや遊びのワークなどに時間をかけ、子どもが真実を受け止める作業を支える必要があります。

　学校に行っている子どもであれば、子どもの心情を学校の先生とも共有し、連携できるのが理想です。現実には福祉と教育の連携はまだまだ十分ではなく、学校の先生に事情を話してよいかどうか、子どもに了解を得たうえで、連携を図れるかどうかアセスメントする必要があるでしょう。

　子どもの虐待を受けたトラウマが深刻で行動化するなど、今がライフストーリーワークをやるべき時でない場合もあります。その場合は先に心理療法などの必要な対応をすべきです。

　また、ライフストーリーワークを実施する際に、前にいた施設、つまり乳児院や他の施設を訪問することがありますが、入所中の子どもの写真や記録を調べてもらうなど、事前に連携しておく必要があります。

　また、ライフストーリーワークはセッションが終結したからといって、子どもの生い立ちを受け止めていく過程はすべて完結するものではなく、それがいったん終わった後でも、子どもは長い年月をかけてその真実を内面化していく作業が続く場合があります。その場合は、ワーク終了後のアフターケアとして、いつでも子どもが相談したり、精神的に支えられる継続的な体制が必要です。このように一人の子どもにライフストーリーワークを実施するためには多職種によるフォロー体制を整える必要があります。

第6節——生みの親を尊重する姿勢の重要性（忠誠葛藤との関連）

　第2節で少しふれましたが、ライフストーリーワークを実践する際に忠誠葛藤の視点が役に立つことが多いと感じています。ここでは、生みの親を尊重する姿勢の重要性についてご紹介します。

　離婚家庭の子どもが、自分は一体どちらの親につくべきか迷い、気持ちが揺らぐ様子を忠誠葛藤と呼びます。父親と母親の間で葛藤する心情を表す言葉ですが、社会的養護の子どもの場合は、これと似たような状態が実親と現在の養育者（施設職員・里親等）との間で生じることがあります。

　ライフストーリーワークでは、実親や以前の養育者のポジティブなかかわりを子どもに伝え返していくことが原則です。客観的な実親の評価はともかく、実親はその子の命の根源であり、安易な、あるいは過度な実親批判はその子の出自を傷つけることになりかねません。実親の存在感をライフストーリーワークにどう盛り込むか、これはライフストーリーワークに限ったことではなく、社会的養護における大原則といってもいいでしょう。

　もう一つ、「この子の生命の原点＝実親」という認識が問われる例として、実親に代わる養育者（施設・里親）は実親や出身家族に対して肯定的な態度を貫くことができるかという課題があります。

　というのは、親に代わる養育者が、自分たちの養育の正当性や優位性をつい主張したくなる時があるのではないかと思えるようなエピソードを、一緒に生活史を振り返るなかで社会的養護の子どもたちから聞くことがあるのです。「実親に負けたくない」という今の養育者の思いの他に、子どもとの関係を深めたい、子どもに感謝されたい、子どもに自分の言うことをきかせたい等々、その心理的背景は様々と思われます。そんな時、つい実親の至らなさや入所前の養育環境の劣悪さを口にしてしまう養育者もいるようです。また、出身家庭や実親の話をしないよう、今の養育者に言葉や態度で規制されたという子どものエピソードを耳にすることもあります。出身家庭や実親への批判や否定的な態度は、子どもを傷つけることになり

ます。

　たとえば実親と今の養育者が仲良くする姿を子どもに見せることで、子どもの忠誠葛藤が和らぐことがありますが、日頃から子どもの出身家庭や実親を尊重する姿勢を子どもに示し、家族や生い立ち、社会的養護に至った理由などを話題にすることをタブー視しない雰囲気づくりを心がけていたとしても、子どものほうが施設職員や里親にそうした話題を向けないよう、まるで自己規制しているような場合も多く見受けられます。社会的養護の子どものなかには「日頃支援を受けている施設職員に、出身家庭のことを尋ねるのは気が引ける」とハッキリ言った子どもがいます。ここにも忠誠葛藤が見え隠れします。

　こんな時、直接の養育にかかわらない児童相談所という立場が役に立つこともあるのです。「出身家族について、施設職員（里親）には聞けなくても、児童相談所の人には質問できる」と話す子どもの存在が、そのことを物語っているように思います。

第7節──モニタリングと評価（ライフストーリーワーク実施中の行動化への対応、中止の判断等）

　ライフストーリーワークに子どもにとって過去のつらい内容や忘れたい内容が含まれているのは事実です。シビアな過去を振り返ることは、子どもの心理的負担が高まることでもあります。そのため、セッション型のライフストーリーワークを実施する際は、ワーク開始後に生活場面や学校での様子が不安定になったり、社会的逸脱行動が目立ってくる等、子どもの行動化が激しくなる可能性を想定しておく必要があります。

　子どもの行動化を少しでも軽減するためには、子どもの動揺は当然あるものと捉えて、そのうえで（児童相談所や施設・里親らが協議しながら）ワークを実施し、共に経過を追っていくことが重要です。そのためには、実施前に関係者が集まって計画会議を行うことと同様に、実施中も同じメン

バーが定期的に集まって、子どもの様子を報告・確認していくことが望ましいと考えます。たとえば生活場面での変化や、個別面談時の子どもの様子、学校で行動化を示していないか等々を報告し合い、関係者全員でワークを継続してよいかどうか確認することで、子どもに過度な負担がかかることを未然に防ぐ効果が期待できます。

　またライフストーリーワークを実施するにあたり、あらかじめ子ども本人に対してワークの中断や休止ができる旨を伝えておくことも必要です。そのためには、子ども自身が「しんどい」「疲れた」「これ以上は聞きたくない」といった負の感情に気づけることが前提です。ワークを実施する前に、自分自身の感情に気づけるようになること、その感情をしっかり受け止めてもらう体験をすることなどを目的とした個別面接（子どもへの心理教育）に時間をかけておくことが大切です。こうした事前の準備がワークの際の安全を高めるようです。

　様々な配慮をしていても、ライフストーリーワークによって子どもが不安定になり、子ども本人を現在の生活の場からいったん離して、気持ちを整理させざるを得ない場合があります。ただし、子どもが生活の場から離れる際には「あくまで一休みするのが目的であり、気持ちが落ち着いたら元の施設（里親家庭）に戻る」ということを子どもに明示しておかないと、かえって子どもの不安感を煽ることになるおそれがあります。

　もし行動化した際の対応体制が十分確保できないのであれば、子どもが不安定になった場合のワークの継続はもちろん、ワークの実施自体を見合わせるという選択も検討しなければいけません。子ども本人が生活史の振り返りを望んでも「つらい話も含まれている。あなたの状態が落ち着いてから」と説明し、子どもに理解を求めましょう。

　しかし、支援者が、ライフストーリーワークによる子どもの行動化に対して「そんな弱い心ではダメだ」「つらいことでも乗り越えなければいけない」と叱咤激励し、休息の必要性を認めない場合もあります。ワークの実施に際して、その子にかかわる大人たちが共通認識をもっておくことの

重要性は、こうしたところからも指摘できます。

　もっとも、ライフストーリーワークで過去を振り返ることによるリスクについては、つらい内容であっても、それを乗り越えていく子どもが存在するのも事実です。しかし、どんな子どもでも思春期を乗り越えるのは大変なことです。そんな思春期の真っ只中になって、初めて自分自身の過去や家族を直面視する展開にならないよう、やはり低年齢段階からの段階的・計画的なライフストーリーワークの取り組みが望ましいと考えます。

【註】
　三重県では、ライフストーリーワークによってレスパイト（休息）が必要となった社会的養護の子どもたちが、普段の生活の場を離れて児童相談所の一時保護所で一定期間過ごした例がいくつかあります。とはいえ三重県においても、生活の場を変えずに済むよう事前の準備や対応体制を確認しておくことが最も重要であると考えています。

第8節 ── ライフストーリーワークのゴール（実施期間・内容の到達点等）

　第1節で説明したように、ライフストーリーワークは開始前に関係者による計画会議をします。そのなかでライフストーリーワークの内容を決めると同時に、最終的にどこまでの真実を告げるかなどの、内容のゴールを定めます。ゴールはその子どもの年齢や成熟度、精神的安定度、時間的にどの程度のところまで行けるか、などにより変わってきます。

　初めてライフストーリーワークを実施する人は成功感をもつためにも、できるだけ低いゴールを設定するとよいでしょう。むしろ低いゴールを設定できる子どもを選んで実施すべきです。ずっと真実を告知したいと願いつつ、できずにいる子どもは、往々にして生い立ちがかなり複雑で、それを告知すると子ども自身がどれだけショックを受けるのか、計り知れないといった事例をみなさんは抱えておられることでしょう。しかし、そういった事例は、初めて実施する子どもとして選ぶのではなく、後に回したほ

うがいいかもしれません。なぜなら、本当に実施したい子どもは抱えるトラウマも深刻と予想され、ライフストーリーワークにはかなりの力量を要するからです。

　低いゴールとは、例を示すと、ライフストーリーワークを実施することによって子どもに告げる新たな真実はないものの、「これまでたくさんの人々が支えてくれたこと」を実感することをゴールに設定することもあります。

　高いゴールとは、今までずっと本人とは話せなかった、出生の秘密（捨て子だった、強姦で生まれた、外国人だったなど）を話す、あるいは、親だと思っていた人は実は親ではなかった（叔母だった、里親だったとか）、などの深刻な事実を伝えることをゴールと設定することです。そういった深刻な事実を扱う場合、セッションの主たる担当者と、その周りの支援者の価値観がしっかりとらえられていないと、子どもはそのことを否定的にとらえたり、アイデンティティを築けなかったり、逆に自尊感情が揺らぐことになる危険性もあるでしょう。

　そして、ライフストーリーワークのゴールをどこに設定するのかは、今回のライフストーリーワークにどれだけ時間を割くことができるのかにもかかっています。ライフストーリーワークの初期は子どもとセッション担当者との信頼関係を築くことに費やされ、ライフストーリーワークを行う場が安心・安全な場と子どもが認識できなければ、ゴールまで進めることはできませんので、短くとも信頼関係を築くのに、2、3回は必要です。その後、深い内容に入っていきます。したがって、最低でも6、7回はセッションを重ねる必要があるでしょう。そして、ゴールを定めたとしても、それにとらわれずに、子どもの判断でいつでも中断でき、いつでも再開できる体制を整える必要があります。いつも、ライフストーリーワークの場では、子どもが主導権を握る必要があるのです。

　また、低年齢の子どもの頃から始めたら、社会的養護にいる間に何回でもライフストーリーワークは実施可能だと思われます。そして、すべての

社会的養護児童に対して、児童相談所の援助方針、そして、施設の自立支援計画にライフストーリーワークの実施を組み込んでいくことも必要かと思われます。

第9節──セッション型ライフストーリーワークの特長と課題

　セッション型ライフストーリーワークを実施する場合の特長と課題を以下にまとめました。

特長としては、
1. 子どもと信頼できる大人との特別な場を用意できるので、日常生活との区別ができます。小さい頃の思い出を辿ることによって退行する場合もありますが、ライフストーリーワークを実施する場と日常場面との区別ができます。この場合、主たる実施者は子どもの日常のケアをする人でないという想定にしています。
2. セッションは1・2回ではなく、数回〜10数回に及ぶので、時間をかけて計画的に少しずつ（点滴のように）生い立ちの情報を伝えることができ、子どもの受け止めにゆっくりと対応することができます。
3. いきなり過去のことを話すのではなく、現在の子どもの生活を聴くところからスタートするので、子どもにとっては開始への不安が比較的少ないと思われます。
4. 他の子どもが交わらない場で実施するので、子どもはプライバシーについて自由に話しやすい環境が確保できます。
5. 常に計画会議などかかわる職員がチームで対応するため、セッション担当者は関係者から支えられる場があり、子どもへの告知内容についても、あらかじめ計画を立てて取り組むことができます。
6. 実施中にライフストーリーブックを作成することが多いので、手元に自身の生い立ちを整理した記録が残ります。

課題としては、
1. 児童相談所職員が実施する場合、児童虐待等緊急ケースが多いなかで、時間確保にかなりの工夫が必要です。
2. 施設職員が実施する場合、生活担当職員以外の職員が実施するため、その職員の確保と時間の確保が日常業務上、取りにくい現状があります。
3. 実施する子ども自身としても、職員としても、他児への説明に困ることがあります。
4. 設定された場に子どもが来ない場合があります。その場合は、開始できません（今が本当に開始の時機なのかなどを、見直す必要があります）。
5. スーパーヴィジョンできる人が身近にいない場合、進め方に戸惑うことが考えられます。
6. 親や親権の了解が得られない場合、子どもの生い立ちに関する情報を知らせることの法的根拠が十分とは言えない日本の事情があります。

　以上のような、特長・課題が考えられますが、ともかくもセッション型を実施する場合は、相当な人員と時間の確保と、実施者を支えるしっかりした体制、そして、実施者や周囲の関係者の覚悟が必要です。しかし、実施した感想を聴くと、子どもから「やってよかった」が多く、「やらないほうがよかった」という感想は一人もないので、実施者としてもやりがいを感じることが多いでしょう。

（才村眞理、山本智佳央）

第5章 事例（モデルケース）で考えるライフストーリーワーク

はじめに

　第5章では、社会的養護の様々な場面でどのようにライフストーリーワークが実践されるのか、事例（モデルケース）を用いてご紹介したいと思います。今回ご用意した5つのモデルケースはすべて架空のものですが、どの事例もリアルな内容になっています。また、各事例は統一したフォーマットで書かれているため、年齢や状況が異なる事例同士の比較がしやすく、実際にライフストーリーワークを実施する際の検討用フォーマットとしても活用していただけます。皆さんのライフストーリーワーク実践のお役に立てば嬉しいです（＊以下、本章事例中では「ライフストーリーワーク」を「LSW」と記す）。

事例❶：LSWの実施準備が不十分だったため、支援がうまくいかなかった思春期女児				
入所（委託）時年齢（学年）　2歳		性別 女	入所（委託）中の社会的養護種別 □乳児 ■養護 □情短 □自立 □里親 □その他（　　　　）	
LSW実践時年齢（学年） 中2の3学期～中3					

ケース概要 ・入所理由 ・家族構成 ・生活歴 等	・父母離婚後、母が本児と兄（10歳上）を引き取ったが、兄と本児を知人に預けたまま行方不明になったため、兄と共に児童養護施設入所となった。 ・兄は中卒で就労したが、そのまま消息不明に。中学卒業後の兄の状況について、誰も本児にはっきりと伝えずにきたが、本児はなんとなく知っている。 ・本児は、小学入学後から散発的に万引きが続いている。	
（LSWの必要性・子どものアセスメント）子どもの認識やニーズ	子ども自身はLSWの実施を　：	■希望している　　□希望していない
	自分自身をどう捉えているか、将来の希望や展望	「高校卒業までは施設」という思いはあるが、自立後の生活をイメージすることができない。
	生い立ちの記憶や家族情報の混乱・空白、心的外傷	父はもちろん、母についても顔・名前等、覚えていない。兄の退所前に一緒に撮った写真あり。
	施設入所（委託）をどう捉えているか　＊入所に対する自責感、認知の歪み等の有無	「自分と兄が何か悪いことをしたから、母は施設に預けたのでは?」と自責の気持ちがある。
	家族に希望すること、家族について知りたいこと	「母の詳しい情報」と「兄の消息」を知りたい思いは、日頃から施設内で吐露することがある。
	学校等周囲に施設入所（委託）についてどう話しているか ＊カバーストーリー作成の必要性等	「自分には父はいない。母は自分たちを施設に預けてどこかに行ってしまった」と話している。

LSW実施の経緯：	■児相から提案　□施設（養育者）から提案　□その他（　　）	
関係者の意向・希望・懸念	児相	これまで家族に関する説明を避けてきたが、中卒後の進路選択を控えた今が本児に家族状況を伝える時期としては最適と考えた。児相が本児に意向確認したところ、本児も「知りたい」と希望した。
	施設（養育者）	本児にとって決して良い情報ではないため、伝えずにおきたいのが本音だが、退園した兄には何も伝えることができず心残りになっている。本児には私たちが支援できるうちに告知してあげてほしい。
	家族・親族	交流がないため確認できず。
実施のメリット・今実施する理由（＊今ではない場合、いつ頃が適していると思われるか？）		思春期を迎え、本児から「知りたい」ニーズが出ているうえ、進路選択も控えており、最低限の家族情報は伝えざるを得ないのでは？　告知によって本児の空虚感が埋まるなら、万引きも収まるのでは？
実施のデメリットやリスク、子どもの不安定化や新たな虐待が発覚した時等の対応		母や兄に関しては良い情報があまりないため、LSWは本児をさらに傷つけてしまわないか？　自暴自棄になって施設生活が荒れてしまわないか？
子どもの知る情報を基にしたジェノグラム		父のことは何も知らない。　　　　　顔は覚えていない。名前・年齢も分からない。母子手帳に母の名前が書いてあるのは知っているが、正確には覚えていない。中3の時の顔は、一緒に撮った写真があるのでよく覚えている。　㉕　⑮
支援者の知る情報を基にしたジェノグラム		もともと育児には消極的だったため、離婚時に親権は母へ。以降、児らとは交流なし。　本児1歳の時に離婚。㊿　㊷　病気がちだったため、児らに十分かかわれなかった罪悪感あり。施設入所後、面会は1度もなし。施設は中卒で退所。現在は消息不明。　㉕　⑮

参加者：	□児童福祉司　■◎児童心理司　■子どもの養育者（担当職員・里親） □施設FSW　□施設心理職　□その他施設職員　□家族・親族 □その他（　　　　　　　）　　　　　　　　　＊主たる実施者に◎
実施の目標・ゴール：	①母と兄に関する情報を伝える。 ②中卒後の進路選択を控え、今後も家族の支援が得られない可能性を踏まえたうえで、自立に役立つ進路選択ができるようになる。
LSW実施にあたって	**（生活場面）現在の養育者との関係性、生活の様子、子どもの魅力や長所等** ・施設生活が長いため、何度も替わる生活担当職員には信頼を置きづらいようだが、ベテランの女性職員のことは母のように慕っている。 ・施設職員に対して過度に反抗的ということはないが、時おり、スーパーで菓子・アクセサリー等を万引きしてくることがあり、注意されてもなかなか収まらない。 ・基本的には穏やかな性格で、特に年少児・幼児には優しく接することができる。 **（ソーシャルワーク）関係者の同意、子ども・家族のライフヒストリーや 　　　　　　　　　　生い立ちにまつわる品々の収集等** ・母・兄の情報を伝えることの是非や、告知による施設生活全般への影響を協議するため、担当児童心理司が施設のケース会議に出向き、施設の全職員と意見交換。 ・告知について施設職員からの反対意見は出ず、母子手帳や母・兄に関する生活記録からの情報提供等に協力してもらえることに。家族は行方不明のため連絡は取らず。
LSWの内容	**（セッションや訪問での支援・実践）** ・中2の学年末に、本児と生活担当職員とで児童相談所への来所を要請。生活担当職員も同席し、本児に「家族のことを詳しく知りたい年頃ではないか？」と尋ねると、大きく頷く。家族情報を聞くために、改めて児童相談所へ来所することを本児も承諾。 ・説明内容や表現について、児童相談所と施設とで綿密に協議。戸籍謄本を見せながら家族関係や父母の名前・離婚時期等を説明することとし、「母が姿を消した理由は分からないが、母子手帳に乳児期の記録をつけており、あなたが生まれてきたことを喜んでいたことは分かる」「兄は中卒で就職したが、就職先の寮から突然いなくなった。今も音信不通」といった内容を軸に、説明することに。 ・中3になり1ヵ月が経過した頃、本児と生活担当職員が児童相談所に来所。生活担当職員同席で、担当児童心理司が上記内容を説明。本児は時おり唇をかみしめながら、最後まで説明を聞いていた。隣に座った生活担当職員が、手を握ったり肩をさすったりしながらフォロー。

LSWの内容	・その後も学期に1回ペースで来所もしくは施設訪問し、心情等の確認面接を実施。施設職員とは定期的に連絡を取り合い、生活面に変化が出ていないか確認。 （生活の中での支援・実践） ・普段、なかなか本児と個別の面談時間を取ることが難しいため、施設と児童相談所を往復する車中を生活担当職員と本児がじっくり話す機会として活用。 ・家族について説明を受けると決まって以降は、生活担当職員が夜勤の時に、本児から期待や不安を打ち明けることが少し増えた。
実践後の変化	（子どもの変化、周囲や関係性の変化　など） ・実践後フォローの時は、説明内容について一定納得を示しており、中学卒業まで生活面で顕著な不安定化はみられなかった。 ・ところが、高校進学後1ヵ月で「高校を辞めて働きたい」と本児が言い出したため、施設・児相が本児を説得したが意志は固く、高校は退学することに。施設の卒園生が営むレストランに就職した。オーナー（卒園生）宅の1室を間借りしている。 ・その後、同い年のバイト高校生に刺激されて「やっぱり高校生に戻りたい」と言い出したことがあったが、最終的には調理師免許を取得することを目標に就労を継続。
アフターケア（今後の予定）	・就職後しばらくの間は、施設職員が時おり面会に行っていたが、施設としてのアフターフォローにも限界があるため、面会はやがて中止に。本児から時おり施設に電話をかけてくることがある。 ・就職後に、施設職員が本児から聞いた話では「家族の状況について説明を受け、自分は誰にも頼れないと分かってから、早く自分が働いて自立しなければ、という気持ちが強くなった。高校に通うより、一日も早く働きたくなった」とのこと。

○事例を振り返って

　この女児は、施設で暮らす子どもに過去の情報・家族に関する情報を積極的に伝え返していく取り組みを始めた、最も初期の頃の事例です。まだ「ライフストーリーワーク」という言葉や概念も知らずに、手探りで取り組んでいた頃の実践なので、今あらためて思い返してみると反省点ばかりが浮かんできます。

●反省点

　女児に家族情報を伝えるにあたり、児童相談所も施設も**準備不足**のままの告知となってしまったことは否めません。施設職員と協議して、表現や内容に配慮はしたものの、「説明内容が女児に対してどういうインパクトを与えるか」ということまでは、十分思いを巡らせることができませんでした。

　また、告知の**実施時期が遅い**という点も反省しなければなりません。思春期の真っ最中に、初めて家族に関する詳細情報を聞かされた女児の心情を思うと、もう少し早い時期に（できれば小学校低学年のうちから、せめて思春期にさしかかる前の段階で）少しずつでも説明を始めることができなかったかと悔やまれます。

　さらに、細かい反省点を挙げるなら、もう少し**子どもへの意向確認に時間**をかけてもよかったのでは……と思います。「家族情報を聞く」という一大イベントに対して、施設職員と女児がもっと話し合う（女児の不安や心情を丁寧に確認する）時間があってもよかったはずです。今にして思うと「進路選択までに告知しなければ……」という、大人側の事情が優先されていたようにも感じます。

●良かった点

　反省点ばかりが浮かぶ実践ですが、そのなかで、施設の生活担当職員は

常に女児に寄り添ってくれていました。このことは、不安や葛藤を女児一人に背負わせないという効果があったと思います。児童相談所までの移動の車中や自身の夜勤時等々、機会を見つけて女児と話す時間を取ってくれましたし、何より女児が家族情報の説明を受けたその場に同席し、女児と同じ話を聞いていた、という事実が大きかったように思います。

　結果的に、女児は高校を中退して就労・自立の道を歩んでいくわけですが、その際も、生活担当職員は「高校は絶対卒業しないと」と頭ごなしに女児に促すことはなく、「あなたが自立したい気持ちになったのはよく分かる。受験の時に分かってあげられなくてゴメン」と言葉を返したそうです。決して嬉しい内容ではない家族情報を聞き、受け止めていく女児のプロセスに常に寄り添っていたからこそ出た言葉ではないかと思います。

●今後の課題

　このように、思春期真っ只中でのライフストーリーワーク実践は、思いがけない子どもの行動化を引き起こすことがあります。実施時期は早めに・養育者との関係が良好な時期に実践することが重要だと考えます。

（古儀美千代、山本智佳央）

事例❷：父親の精神疾患を理解していない高齢児の自立に向けて		
入所（委託）時年齢（学年）小学校４年生	性別 男	入所（委託）中の社会的養護種別 □乳児■養護□情短□自立□里親 □その他（　　　　　）
ＬＳＷ実践時年齢（学年）中学２年生		
ケース概要 ・入所理由 ・家族構成 ・生活歴 等	入所理由：被虐待児、ネグレクト 　父母は本児が幼い時に離婚。姉の親権は父親が取る。本児の親権は母親が取り、県外の母方の実家に帰る。しかし、私立小学校の受験に不合格であったという理由で父親のもとに１人飛行機に乗せられて帰され、父親と姉と生活するようになる。本児が小３になる頃から、父親がたびたび子どもを置いて、社会活動をすると言って出て行ってしまう。仕事も続かず、突然議員として立候補の準備をしたり災害ボランティアとして現地に行ったりし、災害現場でもめ事を起こし逮捕されて我に返る。その際に姉と本児は保護され、別々の施設に入所。父親は逮捕後の通院により双極性障害と診断される。	

（LSWの必要性・子どものアセスメント）	子どもの認識やニーズ		
	子ども自身はＬＳＷの実施を：	□希望している　■希望していない	
	自分自身をどう捉えているか、将来の希望や展望	自尊心が低く自信もないので、小さなつまずきで引きこもってしまう。すべてをあきらめていて、世の中はすべて自分の敵であり、誰も信頼することはできないと感じている。将来は闇であり、希望もないと言っている。	
	生い立ちの記憶や家族情報の混乱・空白、心的外傷	母親のことはよく覚えていないし思い出したくない。父親は優しく子煩悩だが、時々異常に調子に乗ってしまい、誰も止められなくなると話す。本児と姉との間ではその状態を「親父のアレ」と呼んでいた。	
	施設入所（委託）をどう捉えているか　＊入所に対する自責感、認知の歪み等の有無	「父親から離され、地獄のような生活だ」と話している。父親と一緒に生活したいと思っているが、どうして自分が保護されたのかも理解できない状態。	
	家族に希望すること、家族について知りたいこと	父親と一緒に暮らしたい。他に何も望まない。	
	学校等周囲に施設入所（委託）についてどう話しているか　＊カバーストーリー作成の必要性等	ごく親しい友人数名には施設入所を話している。あとは知られたくないので交友範囲は狭くなっていた。	

LSW実施の経緯： □児相から提案　■施設（FSW）から提案　□その他（　　）		
関係者の意向・希望・懸念	児相	父親の病気を本児に伝えて理解できるか。その後さらに不安定になってしまう可能性はないか。父親の主治医の協力は得られるか。
	施設（養育者）	児相、施設職員の同席のもと、父親の担当主治医から本児への病状の説明を希望。施設職員が父親の病状を理解し、本児に父親の状況を解説できるようになる。本児が不安定になった場合も、施設で支えていきたい。
	家族・親族	姉は入所先の施設の意向で今回は実施せず。父親は施設からの提案に同意、協力的。施設との関係は良好。
実施のメリット・今実施する理由（＊今ではない場合、いつ頃が適していると思われるか？）		父親再入院のタイミングで現状とその原因を主治医から解説してもらうことで、本児の疑問に答え、入所理由を理解することができると考えられた。本児は中学2年生となり、実体験としての「親父のアレ」というものが何であったかを知る力があると思われた。父親宅への外泊交流を実施しているなか、父親の病状を支援者と本児が共有し、父親の状態をモニターできる視点を持てるようになること。さらに4年後の自立を控え、本児の不安を受け止める体制を構築し、自立後も、父親の病状が悪化した時に、それを察知することができるようになることが望ましいと考えられた。
実施のデメリットやリスク、子どもの不安定化や新たな虐待が発覚した時等の対応		父親の精神疾患を知ることで父親に対しての嫌悪感が生まれないか。本児自身の自尊心がさらに低くなってしまう可能性がある。
子どもの知る情報を基にしたジェノグラム	支援者の知る情報を基にしたジェノグラム	母方実家（遠方）在住 父方、兄妹等は不明 母方叔母 関東在住 姉 別の児童養護施設に入所中 ＊子どもの知る情報と支援者の知る情報は同一

参加者：	■児童福祉司　□児童心理司　■子どもの養育者（担当職員・里親） ◎施設FSW　■施設心理職　□その他施設職員　□家族・親族 ■その他（父親の主治医）　　　　　　　　　　　　＊主たる実施者に◎
実施の目標・ゴール：	1、父親の双極性障害を理解し受け入れること。自分が施設に入所したのは父親の病気によるという明確な理由と、現在も病状の改善が見られないので家庭復帰できないという理由を明確にする。 2、父親の病状の悪化が感じられた時、本児自身が適切に判断をし、周囲の大人に相談することができるようになる。父親が躁状態になっても、生活や気持ちを乱されないで一定の距離を持ちながら対応できるようになる。 3、本児自身が自尊心を持てるようになること。また、周囲に支えられている実感を通して自立に向かう意欲を強める。
LSW実施にあたって	**（生活場面）現在の養育者との関係性、生活の様子、子どもの魅力や長所等** 　本児は真面目で素直。のんびりしているが頑固な面も強く、よく考えて答えるので面接に時間がかかる。本児の癖で遠まわしな表現をするので伝わりにくく、相手に誤解される場面もある。入所した時から担当職員とは一定の距離を置いてきていた。基本的には純粋で表面的には穏やかであるが、内面では恨みや怒りを持ちやすく、一度こじれると関係修復は難しい。現実には向きあいたくない様子で、父親の病気について知ることに抵抗を示し、父親が病気なので施設入所したということに対して事実の整理も気持ちの整理もできていない状態。 **（ソーシャルワーク）関係者の同意、子ども・家族のライフヒストリーや生い立ちにまつわる品々の収集等** 　児童福祉司は事前に複数回来園し、本児との間で気軽に話せる雰囲気を作った。そのなかで父親の入院や精神的な病気の概略にふれ、本児の態度が軟化するように心がけた。施設心理職は本児の感情や考えに寄り添い、必要な時には自分の気持ちを表現できるようにかかわった。FSWは面接や父親宅の家庭訪問を通して、本児および父親との関係づくりに努めた。父親の仕事や生活の問題にも相談に乗り、家庭にまつわる悩み全般を支えることを意識した。父親が長期にわたって躁状態になった時には、父親から何度も連絡が入り、父親の状態を本児と共有していった。鬱状態の時には家庭訪問を行い、生活の状態をつかんだ。
LSWの内容	**（生活の中での支援・実践）** 　担当職員は本児が安心して自分をさらけ出せるように配慮し、本児が失敗したときにこそ受け入れ、励ますように心がけた。本児が感情を自由に表現できるように配慮し、自分の弱さを出しても大丈夫であると保障するようにした。

LSWの内容	（セッションや訪問での支援・実践） 　本児が施設入所に至った理由や父親自身の病状などを説明する手順を父親と打ちあわせた。その後、父親から主治医に「子どもと施設関係者に自分の病気の解説をしてほしい」と依頼。あわせて児相からも主治医に病状の説明を依頼した。本児への説明を行う目的と期待する効果、親子の今後の見通しなどを主治医に伝え、父親の疾患を子どもに説明する意義を理解してもらった。 　父親の主治医のもとに関係者（本児、児童福祉司、施設の担当職員、FSW）が集まって父親の病状を聞き取る。主治医は双極性障害の一般的な病状、父親の病状の特徴、懸念されること、対応できる方法などを丁寧に本児に話をした。その時本児は十分に理解があったとは思えなかったが、主治医との話しあいの内容を共有し、その後も引き続き本児と支援者の間で話しあっていけるよう児童福祉司や担当職員、FSWが同席した。
実践後の変化	（子どもの変化、周囲や関係性の変化　など） 父親の主治医から話を聞いた後、2ヵ月くらいの間はふさぎ込むことが多く、体調も崩し気味であった。1年くらい経ったある日、FSWに相談があると言い、「父親の様子がおかしいので電話で話をしてみてほしい」と言ってきた。「以前に主治医から言われた躁状態になりつつあるのではないか」と心配し、様子を見てほしいという。FSWが父親に電話をかけると、口調が荒々しく饒舌にしゃべっていた。今後躁状態になっていく懸念があったと、非審判的ではあるが父親の状態についての率直な感想を本児に伝えると、それまで話さなかった父親の病的行動に姉と自分が苦しめられてきたことを語りはじめるようになった。さらに、高校を卒業するまでには、それまで語ったことのない母親との生活や関係についても話をするようになっていった。
アフターケア（今後の予定）	高校卒業後、就職をして自立を果たした。父親と同居することは父親の課題をすべて抱えることになると自分で判断し、一定の距離を置いた地域で一人暮らしをしている。現在も父親との関係は良好に保っており、年に数回は実家に帰っている。父親の状態を客観的に判断することができるようになり、姉に対しても父親の病状を解説できるようになった。施設にもたびたび来園し、FSWに父親の状態を報告し、心配な時にはどう対処すればいいか相談している。今後、本児が望むのであれば母親に対する調査を一緒にし、面会まで進めていきたい。

〇事例を振り返って

　この事例では親の精神疾患が理解できず、なぜ家族がバラバラにされてしまったのか、なぜ自分は施設にいなければならないのかという疑問を抱えたまま過ごしている子どもに、厳しい現実を伝えました。共に悩みを抱えてくれる大人がいるのだということを実感できたことで、現実を受けとめることが可能になっていきました。

　本児たち姉弟でキーワードにまとめていた「親父のアレ」というものが何であったのか、その正体は本児にとっては得体のしれない闇のようなもので、優しく子煩悩な父に「アレ」がやってくるたびに人が変わってしまい、仕事も子育ても放り出していなくなってしまうような出来事は、身内としては他人に知られたくない恥ずかしい、また先が見えないような不安体験であったと思われます。そのため、本児には「アレ」というのが何であるかを理解する必要があると考えられました。

　本児への説明に踏み切ることを決断できたのは、2つの大きな出来事が鍵となりました。1つは本児自身が施設心理職とFSWに、人には言えない過去の秘密を打ち明け、解決に至った経験です。本児は保護される直前に自宅近くの小学生たちと集団万引きを繰り返していたそうです。父親の家に外泊に行くたび、そのことが気になって、いつ警察が自分を捕まえに来るかと考えると、恐怖で眠れない夜もあると、入所2年近くして心理職との面接で明かしました。心理職はすぐにFSWと連携して解決することを勧め、本児はFSWにこの話を体を震わせて泣きながら告白しました。FSWは大切なことだから父親と一緒に解決していこうと方向付け、父親に話しました。そして、次の外泊時に父親と一緒に謝罪に行ったところ、店長は快く許してくれ、弁償の申し出にも「結構です」と言ってくれました。本児が施設や父親、周囲の大人に安心と信頼を持ちはじめた経験となりました。

　もう1つは、父親の病状が最悪の状態の時に何度もFSWに相談する過

程を通して、父親もまた施設に信頼を寄せてくれたことです。本児が小学校5年になった時、小学卒業時には父親のもとに家庭復帰すると決まり、プログラムとしてスタートした頃、父親の長期間にわたる躁状態が始まりました。その間に父親は自叙伝の出版契約をし、新事業を始める事務所を用意し、車の全損事故を起こし、警察ともめて突如我に返った時、施設のFSWあてに電話をしてきました。長時間電話口で泣きながら自分のしてしまったことを悔い、「子どもたちに対して無責任な行動をとってしまった」と言っていました。父親はその後、本格的に入院加療に取り組みはじめました。

　この2つの出来事は、親子それぞれが自分の問題に向きあい、自分だけの力では解決できないことを施設職員との関係性のなかで吐露することができた体験でもありました。

　さらに、主治医との連携にあたっては父親の協力が必要でした。「父親の病状を本児に理解してもらったほうがいい」というFSWの提案を父親は快く承諾してくださり、直前まで入院していた病院の主治医に、本児に対して自分の病状説明をしてほしいと依頼してくれました。主治医は前例のないことに戸惑いながらも申し出を受けてくださり、父親は同席しないという条件にも応じてくださいました。

　現在、本児は一人暮らしをしながら働いていますが、困った時にはよく連絡をくれ、年に数回は施設にも来ます。一人暮らしの様子や仕事の楽しみと大変さを語っています。高校生たちに社会の厳しさを語る時もあります。その際には父親の状況を報告してくれます。「親父のアレ」は自分で対処できる問題ではなく、「距離を取って見守ることが自分を守ることになる」と言っています。受け入れがたい現実であっても、多くの大人に支えられながら事実に向きあい、子ども自身が家族とどのようにかかわるのかを決定していく過程に長く寄り添うなかで、子どもの自尊心や自立心は大きく成長していくことを教えられた事例です。

（松山聡、楢原真也）

事例❸：児童自立支援施設入所中の思春期男子の事例

入所（委託）時年齢（学年）　14歳	性別	入所（委託）中の社会的養護種別
ＬＳＷ実践時年齢（学年）15歳	男	□乳児□養護□情短■自立□里親　□その他（　　　　）

ケース概要 ・入所理由 ・家族構成 ・生活歴 等	・措置変更を繰り返してきたケース（乳児院→児童養護施設→児童自立支援施設） ・施設の生活が長く、自分の生育歴や家庭の事情について不明瞭になっていた。 ・現在、児童自立支援施設に入所だが、母宅への退所を目指し2回の帰宅訓練（帰省）をしたが、その度に母とトラブルになり、予定より早く施設に戻ってきた。

（ＬＳＷの必要性・子どものアセスメント）子どもの認識やニーズ	子ども自身はＬＳＷの実施を　：　■希望している　　□希望していない	
	自分自身をどう捉えているか、将来の希望や展望	退所後はこれまで暮らせなかった親（すでに離婚）と生活したい。
	生い立ちの記憶や家族情報の混乱・空白、心的外傷	幼少時の記憶があまりない。実父母と暮らせないのは自分のせいだと落ち込むことがある。
	施設入所（委託）をどう捉えているか　＊入所に対する自責感、認知の歪み等の有無	自分が非行・加害行為をしてしまったので仕方ないと思っている。
	家族に希望すること、家族について知りたいこと	両親の仲が戻って、一緒に暮らしたい。
	学校等周囲に施設入所（委託）についてどう話しているか　＊カバーストーリー作成の必要性等	本児の起こした事件について周囲は知っているが、「別の場所で生活する」と伝えている。

ＬＳＷ実施の経緯：□児相から提案　■施設（養育者）から提案　□その他（　　）		
関係者の意向・希望・懸念	児相	児童相談所としては、本児が生育歴を整理する必要性を感じており、実施には賛成。以前の入所施設との連絡調整をしてくれた。
	施設（養育者）	帰省中の問題行動に向き合うためには、生育歴を振り返る必要があると感じた。
	家族・親族	保護者はLSW実施に対して反対はしなかったが、写真の貸出については拒否。

実施のメリット・今実施する理由（＊今ではない場合、いつ頃が適していると思われるか？）	退所に向けて施設で生活する期間が残り少なくなっており、帰宅訓練時のトラブルの振り返りとその背景の理解を促すためには今が適切なタイミングだと感じたため。
実施のデメリットやリスク、子どもの不安定化や新たな虐待が発覚した時等の対応	保護者のこれまでの養育態度に対して敵対心が増すリスクがあった。
子どもの知る情報を基にしたジェノグラム／支援者の知る情報を基にしたジェノグラム	離婚後も同居することがあった。現在は別居。本児とは積極的に交流をしようとしている。　本児5歳の時に離婚。　40　36　本児の主たる養育者。離婚後は本児に依存的か拒否的かのどちらかであり、養育態度が一貫していない。 母方祖母宅で暮らしており、本児とは定期的に交流がある。　22　15 ＊子どもの知る情報と支援者の知る情報は同一

参加者：□児童福祉司　□児童心理司　■子どもの養育者（担当職員）・里親）
　　　　□施設FSW　□施設心理職　□その他施設職員　□家族・親族
　　　　□その他（　　　　　　　）　　　　　　　　　　＊主たる実施者に◎

実施の目標・ゴール：
　生育歴の振り返りと支援してくれる人の再認識、両親への気持ちを整理すること。

LSW実施にあたって	（生活場面）現在の養育者との関係性、生活の様子、子どもの魅力や長所等 ・入所してから6ヵ月ほどが経過し、施設内では本児の生活が安定し、リーダーシップを発揮するほどまでに成長した。 ・家庭復帰の準備段階として母宅に許可外出を試みると、その度に母とのコミュニケーションをとれずに口げんかや家出などのトラブルが発生し、予定より早く施設に戻ってくる。 ・現在の養育者との関係も十分構築されたことやこれまでの成育歴を整理し、親との関係性を見直すためにLSWを実施するべきだと判断した。 ・本児とのLSWを開始する前に、施設職員が本児がこれまで暮らしていた地域や施設を訪問し、写真撮影をした。 （ソーシャルワーク）関係者の同意、子ども・家族のライフヒストリーや生い立ちにまつわる品々の収集等 ・児童相談所の児童福祉司が本児のこれまで暮らしていた施設に連絡を取り、LSWの説明と本児の担当職員の訪問について連絡や同意を取り付けた。同時に、それらの施設に残っている写真のコピーを依頼した。

LSWの内容	（セッションや訪問での支援・実践） ・施設職員が本児が過去に暮らしていた地域や施設を訪問し、写真撮影をしてくる。 ・年齢、楽しかった思い出、出来事、気持ち、家族について（親についてどう思ったか）を1枚の年表にまとめた。 ・本児と養育者が一緒に買いに行ったアルバムにこれまで暮らした施設でもらってきた写真を貼りながら、そこで出会った人たちについて話をした。本児が自覚していたよりもより多くの人が支えてくれていることを再認識できた。また、そのうちの何人かとは手紙のやり取りがはじまった。 ・次に、実母宅に帰省中のトラブルについて話をする過程で「施設では落ち着いて生活できるのに、なぜ家ではトラブルを起こしてしまうのか」「なぜ親に自分の本心が伝えられないのか」などを話し合った。 ・本児は幼少時から実父母の離婚が自分の責任だと感じており、「自分が良い子にしていればいつか両親が復縁するのではないか」という希望をもっていることが判明する。 ・そこで、「両親の離婚は本児の責任ではないこと」「今のまま両親に自分の気持ちを言うのを我慢すると、耐え切れずに家出した先で非行仲間との交友が再発することになる可能性が高い」と伝えた。今までとは異なる親との関係性を構築しなくてはならないと話し合った。
アフターケア（今後の予定）	・現在は母宅から高校に通学している。 ・母子で意見の衝突があるようだが、二者で解決できない時は本児、母ともに施設職員に相談の電話をしてくる。

○事例を振り返って

● 良かった点
- 親との関係性を整理することで自分の気持ちを自覚し、それを親にも言葉で表現（親を大切に思う気持ちと反発心）できるようになりました。さらに、子どもから直接ではないものの、ケアワーカーから親へ子どもの気持ちを伝えることができたことで、それまで知らなかったお互いの気持ちを知ることができました。
- ライフストーリーワークをするなかで、両親の関係を子どもが理解できました。明確な理由はないものの、両親の不仲や親が食事をくれないことを子どもが「自分のせいだ」と思っていましたが、自分がいくら頑張っても両親の養育態度や不仲に変わりがないことを理解することができました。
- 過去に入所していた施設の職員が協力的であったため、とても助かりました。特に、本人の記憶にないエピソードや施設での行事や生活について本児と共有することができたことは有意義でした。幼少時の自分の姿やその時々の職員の思いを知ることができました。
- ライフストーリーワークをして、過去の施設職員を頼りにできることを自覚することができました。ライフストーリーワークの後は子どもから職員に手紙を頻繁に書くようになりました。さらに、ライフストーリーワーク開始後に児童養護施設の職員が面会に来てくれてとても喜んでいました。
- これまで子どもが語る生育歴はネガティブな思い出しかなかったが、感情的表現「こんな先生がいて、こんなことをしてもらった。こんな子と一緒に遊んだ」と写真を見ながら思い出すことでポジティブな思い出を自覚できるようになりました。さらに、「自分がどんな人間なのか」ということが少しずつ理解できるようになりました。
- 非行行為を繰り返さないために、支えてくれる人や思い出を胸に止めて

おかなければと自覚できるようになりました。

● **反省点**
- 児童自立支援施設は他の児童福祉施設と比して入所期間が短いことから、職員との関係ができた後にライフストーリーワークを実施しようとすると時間的に余裕がなく、短期間での実施になってしまいます。
- また、夫婦制施設の場合と交替制施設の場合では、やり方や関係性に違いが出るため、それぞれの施設や支援形態に即して実施しなければなりません。
- 写真が12年間で20数枚しかなかった（乳児院は1枚しかなかった）ため、児童養護施設などで子どもごとに写真や資料をまとめておいてもらえると、思春期以降にライフストーリーワークを実施する際の助けになると思います。

● **今後の課題**
- より低年齢時にライフストーリーワークを行っていれば、支えてくれる人を早期に認識できたと思います。さらに、両親の不仲や養育態度に対して、子どもが抱いてきた自責感がここまで大きくなることを予防できたと思われます。

（徳永祥子、笠松聡子、熊澤早苗）

事例❹：「真実告知」後に、里親・里子が一緒に取り組むLSW			
入所（委託）時年齢（学年）　2歳		性別 男	入所（委託）中の社会的養護種別 □乳児 □養護 □情短 □自立 ■里親 □その他（　　　　　）
ＬＳＷ実践時年齢（学年）中1の3学期			
ケース概要 ・入所理由 ・家族構成 ・生活歴 等	入所理由：ネグレクト 　本児が生後4ヵ月頃、父親の失踪、母親の精神病・ネグレクトにより乳児院入所。同時期に3歳年上の姉も児童養護施設に入所。その後、本児が2歳の時、里親委託に至った。母親は治療を経て再婚し、男児をもうけたものの数年後に再び病状が悪化。本児が小1の時に里親から「里子であること」を伝えたが（＝真実告知）、両親の情報についてはほとんど伝えていない。小6に進級した頃から里親に対する反抗的な態度が増え、中1の後半からは不登校気味である。		
（ＬＳＷの必要性・子どものアセスメント）	子ども自身はＬＳＷの実施を　：　□希望している　■希望していない		
	自分自身をどう捉えているか、将来の希望や展望		自身が里子であることについては認識している。将来の具体的な展望は描けていない。
	生い立ちの記憶や家族情報の混乱・空白、心的外傷		乳児院にいた頃の記憶はうっすら残っているようであるが、両親・実姉の記憶は全くない。
	里親委託をどう捉えているか　＊措置に対する自責感、認知の歪み等の有無		なぜ自分が里子であるのか十分に納得できておらず、イライラが募っている。
	家族に希望すること、家族について知りたいこと		両親について自分から口に出すことはないが、里親家庭で母子手帳を見つけて以来、隠れて読むなど両親のことを知りたい様子が見られる。
	学校等周囲に施設入所（委託）についてどう話しているか ＊カバーストーリー作成の必要性等		学校・近隣には事情を伝えてあるが、ふだんは里親姓を名乗っている。

LSW実施の経緯：	□児相から提案　■里親（養育者）から提案　□その他（　　）	
関係者の意向・希望・懸念	児相	実親（母親）の状態が不安定であるため、里親からの提案（「実親との面会」）については時期尚早と思われるが、乳児院の当時の担当職員との面会等は本児のためになると判断。
	里親（養育者）	すでに里親から真実告知を行っていることに加え、本児が反抗期を迎えており里親との会話では感情が高ぶりすぎることもあるため、「これまでの養育者や児相など、第三者からの話を本児・里親が一緒に聞く」のが有効ではないかと考えている。また、1年半～2年後に迫った進路選択までに、本児が「自分探し」をある程度済ませたうえで将来のことを考えてほしいと考えている。
	家族・親族	交流がないため確認できず。
実施のメリット・今実施する理由（＊今ではない場合、いつ頃が適していると思われるか？）		本児はふだん口には出さないものの、母子手帳を隠れて見るなど、実親への関心が高まっている。何らかのかたちでその気持ちに応える必要があると思われた。
実施のデメリットやリスク、子どもの不安定化や新たな虐待が発覚した時等の対応		思春期（反抗期）を迎えて児童期ほど里親・本児の関係がスムーズでないことと、さらに最近は不登校気味でもあるため、LSW実施により不安定化が起こった場合の対応については、入念に準備しておく必要がある。ただし、近隣には本児が信頼を寄せる親しい里親が複数いるため、連携して本児を受け止める体制が作りやすいと判断された。

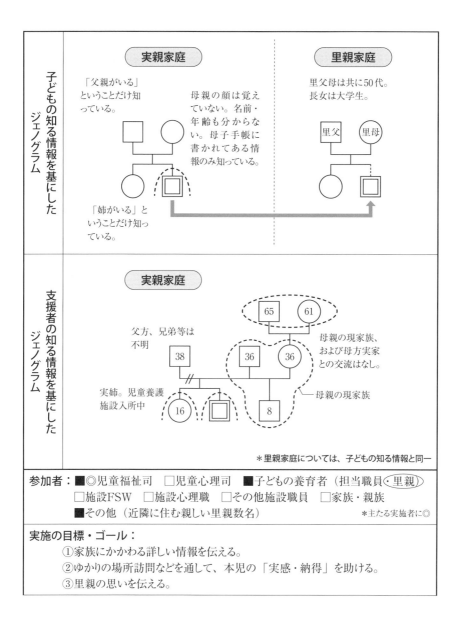

参加者：	■◎児童福祉司　□児童心理司　■子どもの養育者（担当職員・里親） □施設FSW　□施設心理職　□その他施設職員　□家族・親族 ■その他（近隣に住む親しい里親数名）　　　　　　　　＊主たる実施者に◎
実施の目標・ゴール：	①家族にかかわる詳しい情報を伝える。 ②ゆかりの場所訪問などを通して、本児の「実感・納得」を助ける。 ③里親の思いを伝える。

LSW実施にあたって	**（生活場面）現在の養育者との関係性、生活の様子、子どもの魅力や長所等** ・里親を信頼しているが、同時に甘えも見られる。思春期を迎えたためか反抗的な言動が増え、児童期と比べると全体的に口数が減った。 ・学校に登校しない日は一日中部屋でゲームをしている。時おり、親しい知人里親が運営にかかわるレクリエーションイベントに誘われて参加することがあり、その時は積極的に楽しく参加している。 ・繊細で傷つきやすい一方で、他人の気持ちを慮ることのできる優しい性格。 **（ソーシャルワーク）関係者の同意、子ども・家族のライフヒストリーや生い立ちにまつわる品々の収集等** ・里親は本児が実親のことを知りたい様子であると察したのをきっかけにLSWについて学び、その意義を深く納得したため、自分から児相に相談を持ちかけた。他方、児童福祉司はLSWについての知識不足を自覚しており、実施には慎重な考えを持っていた。また、本児の不安定化を連携して受け止めることを想定している知人里親はLSWについての知識を持っていなかった。 ・そのため、里親－児相間で「どこまでのことを実施するか」について意見をすり合わせつつ、知人里親も交えてLSWのメリット・デメリット・想定されるリスクについて十分に話し合いを行い、場合によってはレスパイトケアを行う可能性もあることについて同意を得た。
LSWの内容	**はじめに** ・里親から本児に「一緒に生い立ちの振り返りをしよう」と持ちかけ、手始めに「児相に話を聞きにいくこと」「乳児院を訪問すること」を提案した。そして、本児が望むタイミングで児相に一緒に相談に行くことを約束した。 ・里親はいつでも本児の味方であることを折にふれて伝え、交換ノートなども用いながら、対話の機会を設けるよう心がけた。 ・さらに、本児の様子について知人里親と共有し、連携して本児を支えていく体制を整えた。 **1．セッションや訪問での支援・実践（セッション型）** ・本児の希望を尊重した日程で、児童福祉司・里親・本児が一緒に乳児院を訪問し、当時の担当職員から話を聞きつつ、アルバムを眺めた。 ・2週間後、里親・本児・児童福祉司が一緒の席に着き、児童福祉司から「出生からのプロセス」「両親と実姉・異父弟の情報（母親は本児を産んだ時に体調が悪く、育児ができる状態ではなかったこと。本児には実姉がいて施設で就職に向けて頑張って生活していること。母親は現在も体調が良くないが、新しい家庭を築いていること。父親についてはあまり情報がないこと）」を伝えた。 ・本児からの発言は少なく、淡々とアルバムを眺めながら、児童福祉司の説明に耳を傾けていた。

LSWの内容	**2．生活の中での支援・実践（生活場面型）** ・里親家庭に帰宅して早めの夕食をとった後、じっくり話をする時間を設けた。乳児院での生活や家族のことについての本児の思いを聴き取りつつ、里親としての感想・本児への思いを伝えた。 ・本児からは、「写真などを通して、幼い頃の記憶のない自分を知ることができて嬉しかった」気持ちとともに、実親に対する怒りや、会うことができない悲しみの気持ちが吐露された。それに対して里親は、「実親が本児を産み、その後、乳児院や児童養護施設、児童相談所の人たちが見守ってくれたからこそ私たちは本児と出会うことができたこと」「（里親は）本児を産んではいないが『親』であること。時々怒ったりもするが、本児のことを実子と同じように大切に思っており、現在とても幸せであること」を、時間をかけて伝えた。 ・また、生い立ちについて、里親といつでも話ができること、知りたいことがある場合にはいつでも児相に一緒に聞きに行くことができることを伝えた。
実践後の変化	**（子どもの変化、周囲や関係性の変化　など）** ・本児の不登校が即座に改善されたわけではないものの、里親と本児の会話の機会が少しずつ増え、以前と比べて関係が良好になった。自らの生い立ちについて里親に話してもよいことが改めて実感されたようである。 ・また、里母－里父間で改めて「里親になった動機」「本児への思い」について話し合う機会も増え、里親家庭全体で連帯感が強まった。
アフターケア（今後の予定）	・本児の希望に応じて、再度、児相と相談し、さらに詳細な家族状況を伝えていく可能性がある。

◯事例を振り返って

　本事例では、里親が、本児が母子手帳を隠れて見ていることに気づいたことをきっかけに、児童相談所や親しい里親と相談・連携する体制がとれたことが「本児の生い立ち」にあらためて向き合うきっかけになりました。

　今回の一連の出来事を通して、里親自身、「真実告知」以来、不安な気持ちもあって生い立ちにかかわる話題を避けていたことに気づいたそうです。しかし、現在では、里子と里親が（そして実子も）、これまで話せなかった自分の思いを少しずつ語りだせるようになって「良かった」と感じています。今後、里親家族全員の関係性がさらに深まっていくことが予感されます。

● 里親家庭における真実告知とライフストーリーワーク

　真実告知とライフストーリーワークは本質的には同じことを目指した取り組みであると考えられます。ただし、真実告知の場合、里子が比較的幼い時期に里親のほうから「里子が里親の実子ではないこと」「でも、里子は里親の大事な子どもであること」を「伝える」のに対し、ライフストーリーワークでは、もう少し年長になった子どもから発せられる「生い立ちに関する疑問」に「少しずつ応えていく」という側面が大きいようです。

● 里子からは語り出しづらいことも

　十分に真実告知がなされていたとしても、里子が思春期を迎え、アイデンティティを確立しはじめる時期には、自分の生い立ちや実親について「もっと知りたい」という気持ちが湧き上がってきます。その反面、里子は周りに同じような境遇の友達が少なくて相談できなかったり、また、里親との関係が親密であればあるほど「里親に実親のことを聞いたりするのは申し訳ない」という気持ちになったりすることがあります。

　そのため、本事例のように、思春期を迎えた里子が里親から隠れて母子

手帳を読んだり、里親から告知されたことに納得しきれない気持ちが膨らんでくるケースは実際にあります。

● ファミリー・ライフストーリーワーク？

　真実告知やライフストーリーワークを通して里子と向き合うとき、里親自身も「はじめて里子と対面した日の記憶」が鮮明によみがえり、「里子を愛する気持ち」がさらに強く湧き上がってくることがあります。あるいは「里親になった動機」や「里親自身の生い立ち」をあらためて振り返るきっかけになる場合もあるでしょう。そうした場合、ライフストーリーワークはもはや里子のためだけに行われるものではなくなります。生物学的には親子ではない者同士が"家族"として暮らし、ともに歴史をつくっていくことの意味を言葉にして伝え合い、家族全体でストーリーを紡いでいくような営みに深化していきます。ファミリー・ライフストーリーワークともいうべき営みです。

● コミュニティのなかで里子を支える

　里親家庭におけるライフストーリーワークでは、家族が一緒にストーリーを紡ぎ、結束を強めていくことがある一方で、施設の場合と比較して、養育者と子どもの距離が近い分、互いに冷静になれず、ライフストーリーワーク実施が困難になる場合もありえます。本事例はそうした状況のなか、里親が児童相談所に相談に行き、近隣の里親とも連携して里子を受け止める体制づくりを行ったことが本格的なライフストーリーワークに進むきっかけになりました。

　里親養育は1つの里親家庭だけに委ねられるものではなく、児童相談所をはじめとする専門機関、そして地域コミュニティとの連携のなかで進められていくものです。ライフストーリーワークにも同じことがいえるはずです。

（平田修三、山本智佳央）

事例❺：「生活場所の移行」「新たな家族の誕生」に伴う乳児院での取り組み				
入所（委託）時年齢（学年） 出生3日目		性別 男	入所（委託）中の社会的養護種別 ■乳児□養護□情短□自立□里親 □その他（　　　　）	
LSW実践時年齢（学年）　2歳				
ケース概要 ・入所理由 ・家族構成 ・生活歴 等		・父母は職場で知り合い、妊娠を機に結婚するが、父の女性問題から、夫婦関係がうまくいかなくなり、本児出産前に離婚する。複雑な家庭環境に育った母は、親族を頼ることができず、出産後は子どもを乳児院に預けることになる。 ・母はパートで働き、休日は乳児院に通って、職員の育児指導を受けながら、子どもの世話をする。最近は、職場で知り合った男性と内縁関係になり、男性を連れて面会に来る。また妊娠が分かり、男性との結婚、本児の引き取りを希望している。		
（LSWの必要性・子どものアセスメント） 子どもの認識やニーズ	子ども自身はLSWの実施を　：　　□希望している　　■希望していない			
	自分自身をどう捉えているか、将来の希望や展望	絵本や院内の他児の話から、「母（ママ）」、「父（パパ）」、「家」について少しずつ理解し、意識し始めている。母のことは「ママ」と呼び認識している。母宅での外泊経験はないため、本児の中に、母と家（母宅）で暮らすというイメージはない。一度だけ、本児が「（僕の）パパは？」と尋ねてきたことがあった。職員が、「（本児には）いつも来てくれる大好きなママがいるね」と話題を変え、父についてはふれられていない。		
	生い立ちの記憶や家族情報の混乱・空白、心的外傷	^		
	施設入所（委託）をどう捉えているか　＊入所に対する自責感、認知の歪み等の有無	^		
	家族に希望すること、家族について知りたいこと	^		
	学校等周囲に施設入所（委託）についてどう話しているか ＊カバーストーリー作成の必要性等	^		

LSW実施の経緯：	□児相から提案　■施設（養育者）から提案　□その他（　　）	
関係者の意向・希望・懸念	児相	乳児院を経て施設や里親宅で生活する子どもには乳児院時代の記憶がない子が多く、乳児院でのLSWの取り組みも必要であろう。
	施設（養育者）	乳児院ではこれまで退所に向けて、新しい生活場所での慣らし保育を行ってきた。併せて生活場所の移行について子どもへの丁寧な説明も必要と考える。
	家族・親族	現在本児は母とも（母の）内夫とも良好な関係である。まだ2歳なので、引き取りの時は「お家に帰るよ」と、お話しするだけでよい。
実施のメリット・今実施する理由（＊今ではない場合、いつ頃が適していると思われるか？）		乳児院での生活を振り返り、記憶しておくことは本児の人生に連続性をもたせることにつながる。それを母や内夫も一緒に行うことで、退所後も振り返りや語りかけを続けてもらうことが期待できる。
実施のデメリットやリスク、子どもの不安定化や新たな虐待が発覚した時等の対応		本児には実父がいたが、生まれる前に家を出て行ったという事実を伝えることになる。2歳でどこまで理解できるか分からないが、退所後の母と内夫との生活に何らかの影響を与えるかもしれない。
子どもの知る情報を基にしたジェノグラム		母方祖父母のことは何も知らない。 実父のことは何も知らない。 母のことを「ママ」と呼び、母の存在を認識している。 母の内夫のことは「母の友達」と認識し、母同様に「ヒロ君」と呼んでいる。
支援者の知る情報を基にしたジェノグラム		母が5歳のときに祖父母離婚。母は継母との関係不良により家出を繰り返していた。 実父とは離婚後、母も本児も一度も会っていない。 母は内夫と再婚予定である。内夫との子は妊娠5ヵ月。

参加者：	□児童福祉司　□児童心理司　■◎子どもの養育者（担当職員・里親） □施設FSW　■施設心理職　□その他施設職員　■家族・親族 □その他（　　　　　　）　　　　　　　　　　＊主たる実施者に◎
実施の目標・ゴール：	①乳児院での生活をアルバムを見ながら母や内夫と共に振り返る。 ②本児の生い立ち、退所後の生活、内夫についてお話しし、本児なりに理解して新しい生活に臨む。
LSW実施にあたって	（生活場面）現在の養育者との関係性、生活の様子、子どもの魅力や長所等 ・乳児院では入所以来、同じ職員（保育士）が生活担当としてかかわっており、関係は良好である。 ・性格は穏やかで、絵本や職員からお話を聞くことが大好き。 ・入所当初は母が毎日のように乳児院に通って、授乳、オムツ交換など職員の育児指導を受けながら本児の世話をしてきた。仕事を始めてからは隔週での面会となるが、母との愛着は形成されている。母の内夫に対して初めのうちは警戒していたが、徐々に慣れてきた。 （ソーシャルワーク）関係者の同意、子ども・家族のライフヒストリーや 　　　　　　　　　生い立ちにまつわる品々の収集等 ・乳児院内で本児の退所（家庭復帰）に向けてLSW的取り組みを実施していくこと、その内容と方法について協議を行った。その結果を児童相談所に伝え、理解と協力を得た。 ・母と内夫に上記の内容について説明した。初めは2歳の子どもに様々な事情を話すことに抵抗を示していたが、繰り返し必要性を説明することで、協力・同席してもらえることになった。
LSWの内容	（生活の中での支援・実践） アルバムを見ながら乳児院での生活の振り返り ・母と内夫に週末面会に来てもらい、生活担当職員がこれまで作成してきた本児のアルバムを見ながら、本児も一緒に乳児院での生活、本児の成長について語り合った。 ・主にアルバムの中の出来事や様子について担当職員が説明し、それを母と内夫は熱心に聞いていた。アルバムは年に1冊あるため、0歳、1歳、2歳と3回に分けて行った。 ・本児もアルバムを見るのは初めてであり、興味津々で写真に写っている職員や子ども、風景と実物を指さして確認していた。当時の使用品（哺乳瓶、衣類など）やお気に入りの玩具は本児専用の「思い出箱」に保管してあり、それを取り出し懐かしむこともあった。

LSWの内容	**ペープサート（紙人形劇）を用いた生い立ちと今後の生活のお話** ・施設心理職が、紙人形（本児、母、実父、生活担当職員、内夫）を用いて、本児と母を中心としたこれまでのお話をした。本児は生活担当職員の膝の上で、傍らに母と内夫が座り一緒に聞いた。 ・本児に分かりやすい表現で、以下のことをストーリーにした。母と実父が喧嘩が絶えず実父が家を出たこと、母は本児を一人で育てる自信がなく乳児院に手伝ってもらったこと、母は毎日乳児院に通って本児の世話を頑張ったこと、本児の成長が母の喜びであったこと、母の友達（内夫）に本児のことを話したら一緒に面会に来てくれたこと、内夫も母と同じくらい本児のことが好きになり本児の父親になりたいことなど。 ・母は始終涙を流し、本児は傍らにいる母を気にしながらも、真剣な眼差しでお話を聞いていた。最後には内夫に向かって「パパになっていいよ」と恥ずかしそうに言った。
実践後の変化	（子どもの変化、周囲や関係性の変化　など） ・ペープサートの後、内夫は本児に父親になることを（男の約束と言いながら）約束し、数日後に婚姻届を出した。本児が乳児院を退所して3人で暮らすこと、その後には本児にきょうだいができることも本児に伝えられ、本児も喜んで受け入れた。 ・母や内夫が、本児に分かるように話し、意向を確認するスタイルが自然にできていた。 ・母は初めのうちは本児に話すことに抵抗を示していたが、今回の取り組みから自分の幼少時代（知らない間に継母が家に来て、それを受け入れられなかったこと）を思い出し、自分にもこのような体験が必要であったと打ち明けてくれた。母にとってのLSWでもあったといえる。 ・本児は継父（内夫）にこれまで以上に甘えられるようになり、抱っこや肩車を求めた。
アフターケア（今後の予定）	・退所後は、施設の行事に家族を案内したり、FSWが家庭訪問しながら家庭での子育ての様子を見守った。時には施設で子どものデイサービスやショートステイを受けた。 ・母から、本児がアルバムを作ってお話ししたいと求めてくるが、アルバムが作れないと相談があった。母に写真を持ってきてもらい、生活担当職員と一緒にアルバムを作る練習を何度か行った。

○事例を振り返って

　本事例は、乳児院を退所して家庭復帰する2歳の子どもに対して、これまでの乳児院での生活を振り返り、退所後の生活や新しい家族（継父）について伝えることを試みました。2歳児に理解できるように工夫を凝らしました。また、乳児院において力を入れてきたアルバムづくりと次の養育者への引き継ぎに関して、あらためて気づかされることがありました。

●ライフストーリーワークを意識した乳児院の取り組み

　乳児院で支援を受けられる年齢は、一般的に概ね2歳までです。乳児院を退所した後は、家庭に戻る、里親家庭あるいは児童養護施設に移ることになり、生活場所の移行、養育者の変更が余儀なくされます。ところで、私たちは概ね3歳以前に起きた出来事については記憶が曖昧で思い出すことができません（幼児期健忘と呼ばれる現象）。一般には3歳以前の出来事や様子については、養育者から語られることを通して自身の記憶のなかに補っていきます。しかし、乳児院で育つ子どもたちは、3歳以前を過ごした生活場所、養育者の両方が変わってしまいます。そのため乳児院では、①乳児院で過ごした生活の記録を残すこと、②次の養育者につなぐこと、③子どもに伝えること、が求められます。

●子どもの生活の記録を残す

　記録にはケース記録や成長記録のように乳児院で保存される記録と母子手帳やアルバムのように次の養育者に引き渡す記録があります。後者の記録の保存に関しては、次の養育者の意向（たとえば、子どもが乳児院にいたことを抹消したい）によって途絶えたり、引き継いだ記録が紛失される場合があります。そのため、これらの記録についてはその一部を、あるいは写真に収めて院内に保存することが必要といえます。将来、子どもが乳児院時代の情報を求めてくることがあれば、その記録を通して情報提供するこ

とができるからです。

● 次の養育者に記録をつなぐ

　多くの乳児院では、生活担当職員が養育者としての思い・コメント等を添えた手の込んだアルバムを作成しています。そのようなアルバムは後に子どもが「大事にされてきた」という実感を深めるのに役立つと考えます。しかし事例では、退所後に母が「アルバムが作れない」とSOSを出していました。職員が作ったこのようなアルバムを前に、同じような立派なものは作れないと思ったのでしょう。アルバムは引き継いだ後に活用してもらうことが大切です。活用してもらうためには、次の養育者が子どもと一緒に開いて話がしたくなるような、そして続きが作れるようなアルバムでなければなりません。さらに、子どもの写真については、次の養育者がどのような写真を受け取りたいか？　という点に配慮し、一緒に写る子どもや職員、場面、背景などに関して細かく確認をとることも必要でしょう。

● 子どもに伝える

　事例では退所を前に、子どもの生い立ち等についてペープサート（紙人形劇）を用いてお話をしました。しかし、乳児院ではこのような取り組みはほとんどされていません。子どもがまだ小さいのでこのタイミングで伝える必要はないということなのでしょう。しかしここで伝えなければ、子どもは事情が分からないまま、次の生活場所、養育者のもとへ移行することになります。ライフストーリーワークは点滴のように少しずつ事実を伝えていくといわれています。何らかの「移行」を経験する乳児院だからこそ、個々の子どもに応じてお話しすることが重要だと考えます。

（曽田里美、平田修三、山本智佳央）

第6章 ライフストーリーワーク導入から展開への経緯

第1節——大阪ライフストーリー研究会

　大阪ライフストーリー研究会（以後、研究会）は、2005（平成17）年12月に才村眞理と浅野恭子が発起人となって立ち上げました。呼びかけた対象は、大阪府下で子どもとかかわる現場の専門職の人たちでした。ライフストーリーワークは、福祉と心理の両アプローチが必要であり、その意味でも2人（才村は福祉的アプローチ、浅野は心理的アプローチ）がリーダーとなる意味は大きかったと思われます。

　才村は2002（平成14）年頃より、生殖補助医療により生まれた子どもの出自を知る権利を研究していました。精子提供で生まれた人たちが、自身の遺伝的親である精子提供者が誰なのかを知りたくとも知ることができないこと、家族に重大な秘密があったことへの憤りは尋常なものではないことを知りました。この出自を知る権利は社会的養護の子どもたちにも必要なものであると考えました。才村は児童福祉司として、多くの子どもたちに、はたして生みの親は誰で、なぜ、親子分離になったのかなどを丁寧に話してきただろうかと考えました。折しも、津崎哲雄氏からイギリスのライフストーリーブック（"My Life and Me" British Agencies Adoption & Fostering 2001作成）を紹介されました。これは、子どもが第三者のパートナーシップのもと、自らに関する事実を記録することによって、そのプロセスを通じて、子どもにアイデンティティを確認させ、誇りを持たせる目的で作成されたものでした。日本に必要なものはこれだと直感し、当時、児童自立

支援施設で心理士をしながら、自分自身や家族に関する情報がないことで不安定になっている子どもたちとのかかわりから同様の問題意識をもっていた浅野に声をかけ、当初は日本版ライフストーリーブックを作る目的で、研究会はスタートしたのです。

　本研究会は、終始「ライフストーリーワークを実践するにはどうすればいいのか」の議論に徹した運営をしてきました。それぞれの現場で子どもたちとかかわりながら感じたことを持ち寄り、同じような問題意識をもつ方々からも積極的に話を聞きました。文献購読なども継続的に行ってきましたが、読みながらまた実務上の葛藤や出会った子どもたちのことを語ることを繰り返し、その時間が、ある意味、研究会メンバーをエンパワーする機会でもあったと感じられます。職種や立場の違うメンバー同士が、ライフストーリーワークを行う際の葛藤について率直に語りあい、刺激しあい、自身の考えを深める機会にもなっていたのです。そうした場を求めて、若い専門職の参加も増えていきました。

　単に理念的に論じるのではなく、子どもたちに生い立ちの事実を伝える際に感じる葛藤や感情についても率直に語り、本に書かれていることやインタビューの内容も含めた他の人の意見にも真摯に耳を傾け、ライフストーリーワークに取り組むための覚悟を自らのなかに固めていくプロセスをメンバーで共有しました。

　施設職員や児童相談所職員へのインタビューも行い、実施にあたってどんな葛藤や障壁があるのか、またどんな期待があるのかも整理していきました。現場で、安全に実施するためにはどうしたらいいか、子どもたちのニーズをどうとらえ、どう応えていくことができるか、新たに実施しようとする職員にどのようなトレーニングが必要かなど、実践を踏まえながら、実務的議論を繰り返してきたのです。まさにライフストーリーワークのように、情報を集め、整理し、内面化をはかり、それを形あるものに整理し、そしてこれからどう進んでいくかを考えるというプロセスを歩んできたといえるでしょう。

今後は、これまでの研究会活動の成果を基盤として、日本全国にライフストーリーワークが浸透していくことを支援する活動を行っていきたいと考えています。また、これまではどちらかといえば、児童相談所職員主導のライフストーリーワークの実践のあり方を追求してきましたが、全国の状況を見ると、施設職員が主体となるケースも多いことから、施設主導のライフストーリーワークについても、その方法論を検討していく予定です。

（才村眞理、浅野恭子）

第2節 ── 三重県の児童相談所（組織的な展開につなげるための工夫）

　三重県では、平成17年度から北勢児童相談所の施設措置ケースを中心に「入所理由の再説明・明確化」や「措置機関である児童相談所の役割の説明」という実践を始めました。この取り組みが個人の実践で終わるのではなく、継続的・組織的な展開になるように、いくつかの工夫をしてきました。

工夫①　できるだけ多くの実践数を重ねる

　子どもへの説明（告知）場面には児童相談所の担当福祉司・心理司だけでなく施設の生活担当職員の同席を原則としたため、ライフストーリーワークを経験する職員が児童相談所と施設双方で増えました。たとえ簡易なライフストーリーワークであっても、実践数を増やしていくことで実践ノウハウが共有しやすくなります。

工夫②　児童相談業務の企画担当部署と事業連携する

　個別ケースでの実践を組織的に展開するうえで、事業・研修等の企画部署との連携は重要です。三重県の場合、実践の初期メンバーが（県内児童相談所の統括機関である）児童相談センターに異動となったことが非常に有効でした。具体的には、施設主任会議に数回にわたって外部講師を招き、「自立支援のためにはライフストーリーワーク的アプローチも必要」と施設の理解を得ることに成功しました。現在は児童相談所・施設職員合同のライフストーリーワーク研修会が年1回実施されています。児童相談所・施設双方がライフストーリーワーク実践の有用性を認識するためには、合同研修会の継続開催が有効だと考えます。

工夫③　組織の内外で、ライフストーリーワーク実践の有意義さを発信し続ける

　実践数が増えてきたため、平成21年頃から学会などで実践発表を行う

ことになったのですが、反響は大きく、「三重の実践が県外で注目されている」ということが三重県内でも認識されるようになってきました。

　そんな時、児童相談センターの勧めで三重県庁内の業務改善取り組み例として「施設入所児童に対する真実告知＆ライフストーリーワーク」を応募したところ、県庁職員の投票で平成21年度のベスト10に選ばれました。このことがきっかけとなって「三重県次世代育成支援行動計画」で施設入所児童に対する心理的支援の必要性が明記されることになりました。こうした出来事が実践を推進するうえで大きな後ろ盾になっていることもご紹介しておきます。

（山本智佳央）

第3節──熊本ライフストーリーワーク研究会

　熊本県では、平成22年度から、児童相談所・施設合同でライフストーリーワークの自主勉強会を月に1回開催しています。

　きっかけは、平成22年に開催された日本子ども虐待防止学会熊本大会の分科会でした。ライフストーリーワークの分科会に参加した児童相談所職員と児童養護施設職員が「これは大事なことではないか」と感じ、有志で集まり、勉強会を立ち上げました。しかし、ライフストーリーワークの必要性を感じつつも、どう学び、実施していくのかが課題でした。

　「大事なことだけれども、安易に実施できるものでもない」というのが、当時のメンバーに共通する思いでした。そこでまずは、書籍や文献を集め、イギリスや日本各地で行われているライフストーリーワークの実践について学びました。また、ライフストーリーワークに関する研修にメンバーが参加し、それを持ち帰って勉強会で共有したり、現在かかわっている子どものなかで、ライフストーリーワークが必要なのではないかと思われるケースについて、検討を行いました。

　勉強会を立ち上げた当初は限られた少人数のメンバーで開催していましたが、2年目以降は少しずつ県内の施設に案内をして参加者を募りました。すると、ある児童養護施設で指導員の方が以前からライフストーリーワークを実践しているということが分かり、勉強会に参加してもらえることになりました。具体的な実践報告があることでライフストーリーワークのイメージがしやすくなり、その後の勉強会では、導入に際しての工夫や、導入以前に大切なことについてディスカッションが活発に行われるようになりました。

　現在、自主勉強会は「熊本ライフストーリーワーク研究会」として活動しています。初めは漠然と「これは大切なことだからずっと意識していきたいことだし、関心がある人たちと共有できたら」という思いで勉強会を立ち上げましたが、実際に始めてみると、参加者も徐々に増え、ライフス

トーリーワークへの関心やニーズの高さを感じています。

　熊本ライフストーリーワーク研究会の参加者は、「子どもたちへの日頃のかかわりを振り返り、そのなかでライフストーリーワークの視点を大切にし、できることからやっていこう」という共通の思いをもっています。ライフストーリーワークの実践は決して多くはありませんが、なかには生い立ちを振り返ることを大切に考え、ライフストーリーワークに取り組み始めた施設もあります。

　今後も、熊本ライフストーリーワーク研究会では、ライフストーリーワークの導入について丁寧に考えながら、少しずつ実践を積み重ねていけたらと考えています。

（小田友子）

第4節───児童心理治療施設 あゆみの丘

　ライフストーリーワークを説明する際に、以下のようなたとえを用いることがあります。「子どもが施設を退所した後、よい出会いがあり、めでたく結婚式を挙げることになったとします。その披露宴で、新郎新婦を紹介することになった場合、自分の生い立ちを説明するのに必要な情報を、その子は今どれくらいもっているのでしょう？」。そのような事実を知らないまま歳を重ねていくとどうなるのか？　また遅ればせながらもその事実を共有していくことで、子どもの人生の捉え方がどのようによい方向に向かっていくのか？　施設でライフストーリーワークの実施を検討する際には、まずはこの部分を施設内外の支援者に丁寧に説明し、「過去の事実に空白がある子ども」について想像をめぐらす機会をもってもらう必要があります。

　筆者の場合は、ライフストーリーワークに出会う以前は、入所以前の子どもの過去の部分をなかなか扱えず、そのような子どもはなにかふわふわとしていて、様々な支援も定着しないことが多く、もどかしい思いをしていました。

　そんななか、大阪ライフストーリー研究会でライフストーリーワークに出会い、過去が曖昧な子どもたちと真正面から向き合おうとするライフストーリーワークの哲学に感銘を受けました。とはいえ、子どもの生い立ちというデリケートなものを扱うこともあり、実施するのは若干の躊躇があったのも事実です。そこで、子どもにライフストーリーワークを実践するのと同じように、施設内でのライフストーリーワークの啓発活動も「少しずつ、点滴のように」進めていきました。

　まずは施設内の勉強会で紹介を行い、一定の理解が得られたところで、スタッフ全員が集まる職員会議でライフストーリーワークの説明をしました。すると生活担当職員から、「自分の担当にライフストーリーワークをできないか」という要望がちらほら聞かれるようになりました。それらのケースを慎重に見極め、子どものニーズやメリットやリスクを話し合う計

画会議を経ながら、実施に至りました。最初は不安もありましたが、施設で一定安定した生活を送っている子どもを対象にすることを条件とし、また、予想されるプロセスとして、いったん揺れる可能性があるが、そこでライフストーリーワークをやめずに続けていくことで、過去の受け入れが進むといわれていることを「喪失サイクル」のモデルで説明しました。さらに、もし日常生活に支障をきたすほど不安定になった場合には、実施内容の変更や中断も検討することを計画に盛り込みました。実施の際は、安心して生活できている施設での思い出を現在から過去に向けてさかのぼるなかで、子どもの反応をつぶさに観察しながら、徐々に中核的なテーマである過去の部分や家族のことにふれていくようにしました。

　関係者をどれだけ巻き込めるかもポイントだと感じています。ライフストーリーワーク実施者が一人で抱え込むのではなく、子どもにかかわる施設職員や児童相談所職員と定期的に進捗を確認していきます。過去の場所への訪問や、重要な真実の説明の際などは、子どもにとって重要な大人に積極的にその場に参加してもらい、そのたびに子どもに生じる喜怒哀楽の感情を共有できると心強いでしょう。

　結局のところ、ライフストーリーワークは日ごろの丁寧なケアの延長線上にあるように思います。ケースワーク、生活支援、心理治療の各担当者が子どもの課題や見立てを共有し、それぞれができる支援に集中できているケースは、ライフストーリーワークを実践した場合にもスムーズに進むことが多いように感じています。

　施設で出会う子どもたちのなかには、自身の存在に対する問いを抱えている子どもが少なくないと感じています。「私はなぜここにいるのだろう？」「私は生まれてきてよかったのだろうか？」「私は生きていてよいのだろうか？」など、ライフストーリーワークはこれまでなかなか扱うことができなかった、子どものこの根源的な問いかけに向き合い、生涯を通じて残り続ける大切なアイデンティティや自己肯定感を育てることができると実感しています。

（益田啓裕）

第5節──実践者養成のための集中研修の試み

　国立武蔵野学院では平成22年1月に『社会的養護における「育ち」「育て」を考える研究会』[註]を発足し、子どもたちの健やかな育ちを保障するために、毎年テーマを変えて研究を行ってきました。その中で、養育者同士、関係機関、家族それぞれのつながりとともに、子ども自身の生い立ちのつながりの重要性が共通のテーマとして再確認されました。そこで、国立武蔵野学院附属児童自立支援専門員養成所が実施している全国児童自立支援施設職員研修の中で、中堅職員向けに「ライフストーリーワーク」をテーマとした4日間の研修を実施することになりました。

①研修の目的と内容

　本研修では、講義や演習を通して子どもの生い立ちをつなぐことの必要性について考え、ケアワーカーが生活の中で実施できる具体的な方法について学ぶことを目的として開催しました。

　研修内容を決めるにあたり重要視した点は、①対象者に沿った内容であること、②講義を通して意義や必要性を認識してもらうこと、③すでに臨床で実施している講師から実践報告をしてもらうこと、④演習を多く取り入れながら実施するイメージを具体的に持ってもらうこと、⑤関係機関や他領域の専門家との連携の必要性を感じてもらうこと、の5つでした。研修日程と演習内容は表6-1、表6-2をご覧ください。

②研修の振り返りと今後の課題

　今回の研修参加者に実施したアンケートでは、「ライフストーリーワークを取り入れていく必要があると感じた」「自分の施設でもやっていけそうな気がした」「自分のライフストーリーにも目が向けられた。まずは自分のことを整理しようと思った」「(演習で) 子どもの問題行動には、原因(根の部分)があり、それを考えていく必要があると考えられた」「より多

くの情報を集め、複数で話し合うことの重要性を再確認できた」などの内容が記入されていました。本研修における企画の目的と内容が、参加者のニーズに合致したことや、演習を含めて丁寧なフォローを入れることが可能だったことが評価の高さにつながったと考えられます。一方で、講義について「もっと時間を割いて聞きたかったです」といった記入もあり、4日間の開催とはいえ内容をより深い理解につなげるためには、継続して受けられるトレーニングシステムが必要であることを痛感させられました。また今後取り上げてほしい研修内容として、「同じメンバーでの継続研修とスーパーヴィジョン」「実践を始めてからのケース検討の実施」が挙げられました。今後の日本におけるトレーニングシステムのあり方にもつながりますが、まずは本研修のような導入・意義〜実践方法〜初期の実践につながるような研修を実施し、その後実践を行いながら定期的かつ継続的な研修（スーパーヴィジョン）の機会を提供していく必要があると思います。今回の研修内容が、各地で研修を実施する際にお役に立てれば幸いです。

【註】
毎年度末に発表会を実施。「育てノート（2011）」「育ちアルバム（2012）」「研さん手帳（2013）」「養育者がかわるときに大切なこと（2014）」「育ち・育てをサポートするピアメッセージ集〜子どもから子どもへ・保護者から保護者へ・養育者から養育者へ〜（2015）」（詳細は国立武蔵野学院HP）。

（藤澤陽子、德永祥子）

表6-1　研修日程

平成26年度　全国児童自立支援施設職員研修中堅職員研修〈コースI〉

日程							
1日目				開講式	講義1 「日本でライフストーリーワークを導入するために」 武庫川女子大学発達臨床心理学研究所研究員 才村眞理	演習1 武庫川女子大学発達臨床心理学研究所研究員 才村眞理	講義2 「児童自立支援施設におけるライフストーリーワークの実践」 国立武蔵野学院第1寮副寮長 徳永祥子
2日目		講義3 「ライフストーリーワークの社会的・歴史的意義 ―諸外国との比較―」 立命館大学教授 中村 正		昼食	講義4・演習2 「つながりのある養育 ―アルバムの活用―」 福岡学園児童自立支援専門監 河尻 恵		
3日目	演習3 国立武蔵野学院第1寮副寮長 徳永祥子 養成・研修課 藤澤陽子	演習4 国立武蔵野学院第1寮副寮長 徳永祥子 養成・研修課 藤澤陽子		昼食	講義6 「チームで取り組むライフストーリーワーク」 大阪府中央子ども家庭センター児童心理司 浅野恭子	演習5 大阪府中央子ども家庭センター児童心理司 浅野恭子	
4日目		演習6 国立武蔵野学院第1寮副寮長 徳永祥子 養成・研修課 藤澤陽子		閉会式			

表6-2　演習内容

演習	担当	ワーク	目的
演習1	才村	ワーク①：6つのボックス	アイスブレーク（自己紹介）
	徳永	ワーク②：ポストイットのワーク	喪失・離別体験について体感する
演習2	河尻	ワーク①：養育に必要な情報	つながりのある養育を実践するために必要な情報について考える
		ワーク②：ケース検討	「つなげる養育」の観点からケースを検討する
演習3	徳永 藤澤	ワーク：自分の年表作り（0～3歳）	自分自身の0歳～3歳の「記憶」や「エピソード」を自覚する
演習4	徳永 藤澤	ワーク：子どものサイン探しの〈木のワーク〉	子どもの困った言動の背景を見る
演習5	浅野	ワーク：おゆきの物語	自己覚知（自分の意識的・無意識的な思考の自覚化を促進する）
演習6	徳永 藤澤	ワーク：「地図と移動」の作成	①研修を通して未解決の疑問を解消する ②明日から実践できる手法やアイディアを獲得する ③施設に戻り、実際にライフストーリーワークを実施したいと思う子ども（事前課題を参照しながら）の「地図と移動」を書くことで、初めて実践する際に直面しやすい疑問を明らかにする

第6節───「LSWメーリングリスト」と「LSW実践・研究交流会」の取り組み

　平成21〜23年にかけて、三重県におけるライフストーリーワーク実践を学会や研修会等で報告してきた筆者は、どこで発表しても社会的養護の実践者・研究者から高い関心が寄せられることに驚いていました。それと同時に「私も似たようなことをしています」という反応が必ずあることから、どうやら日本各地にはライフストーリーワーク実践者が点在しているようだ、と気付きました。「実践者と研究者が互いの実践状況や研究内容等々について情報交換できれば、実践のレベルアップや全国規模での情報発信、さらに実践の全国展開につながるのでは？」と考えた筆者は、こうした人たちを結ぶネットワーク作りを始めました。

①メーリングリスト（ML）の開設（平成23年〜）

　まず筆者は、平成23年12月に無料MLサービスfreemlを使った「LSW-ML」を開設しました。学会や研修会を通じて知り合った数名の有志にMLへの参加を呼びかけ、お互いの自己紹介からスタートしましたが、参加者が新たな参加者を誘う形で次第に登録者数が増えていき、令和4年8月現在220名が参加しています。最近の投稿傾向は、研修会の開催情報・学会での発表予定・学会や研修会の参加報告などが中心となっていて、ライフストーリーワークに関する情報交換の場として定着しつつあります。

②実践・研究交流会の開催（平成25年〜）

　MLを開設した際、筆者は「MLを母体として、全国規模の交流会の定期開催につなげたい」と考えていました。その特性上、MLでは実践報告や事例検討に限界があることに加え、交流会で基礎研修・実践報告・情報交換（特に実践上の課題整理）が効率的に行われるようになれば、初学者から研究者までが集える機会になるのでは？　というのが理由でした。

そこで、ML参加者有志の協力を得て、平成25年2月に第1回LSW実践・研究交流会を神戸市で開催することができました。MLは「開催案内を全国の実践者・研究者に届けるためのツール」として大変役に立ちました。2日間の交流会期間中、（研究報告や実践紹介などの）全プログラムがライフストーリーワーク関連という画期的なイベントでしたが、「顔の見えるネットワーク作り」ができるという成果もあって、参加者には大変好評でした。交流会で近隣の実践者と知り合い、その後情報交換や合同研究会の開催に発展したという話も聞いています。

　交流会は、その後も多くの実践者・研究者の協力を得ながら毎年開催されており、第一線の実践者・研究者によるシンポジウムの開催等、プログラム内容が充実してきています。全国のライフストーリーワーク実践者・研究者をつなぐ場として、今後も交流会を継続していく予定です。

◉メーリングリスト「LSW-ML」への参加方法について◉

　「LSW-ML」では、LSW実践・研究交流会の開催案内のほか、ライフストーリーワーク実践や学会等での研究発表等について情報交換を行っています。よろしければご参加ください。

　なお、従来使用していたfreeml版MLは令和元年10月で廃止になりました。令和4年8月現在はGoogleグループでMLを運営しています。

① ML事務局アドレス（lswjimukyoku-ml@yahoo.co.jp）に、登録ご希望のメールをお送りください。以下のQRコードからも送信できます。

② 件名には「LSW-ML参加希望」とご記入ください。
　また本文中に
- お名前・ご所属（できれば職種も）
- 登録ご希望アドレス（必須）
　※ご記入無い場合は送信アドレスでの登録となります。
- 『ライフストーリーワーク入門』の読者であること

を添えていただけると承認しやすいです。ご協力をお願いいたします。

（ML管理者　山本智佳央）

> **コラム**　施設生活経験者からのメッセージ

〝人・情報・タイミング〟の見極め

■はじめに

　社会的養護下で育つ・育ってきた者にとって、〝生い立ち〟や〝親〟のことは、誰しもが一度ぶつかるキーワードとなってきます。また、それは本人を形成している要素の中で、核となっていることも多くあると思います。〝どのタイミングで〟〝誰が本人に伝えることが有効なのか〟非常に重要なテーマです。私も同様に、入所中・退所後に多く考えさせられました。当事者として当時感じていたこと、現在、支援者という立場から後輩たちと関わる中で感じることも含めて書きたいと思います。私の経験がすべてではなく、これも一つの当事者の声・経験だと思って受け取っていただければ幸いです。

■私が〝生い立ち〟〝親〟を意識したのは……

　私自身、家族と生活していたという記憶がない頃から、乳児院・児童養護施設で生活をし始めたため、自分にとっては〝施設の生活〟が当たり前のものだと思っていました。つまり、〝家族〟や〝幼少期の育ち〟について意識することがあまりなかったのです。

　その中で私が、〝一般家庭で育った〟周囲の子どもとは何かが違う！　と気付いたのは、幼稚園の父親参観でした。子ども数人に対して一人の男性職員が部屋を回るのではなく、一人の子どもに対して一人の男性がいるという状況を見て、「あれ？　みんなには父親が一人につき一人いるんや」といった気付きがあったことを覚えています。次に生い立ちを意識したのは、小学２年生でした。自分の過去の写真とともに、生まれた病院・生まれた時間・生まれた時の体重などを記入してくるといった課題があったのです。しかし、母子手帳や新生児の頃の写真もなかったため、私はそのページを埋めることができませんでした。当時の感情としては〝恥ずかしい〟〝悔しい〟〝何で？〟というものでしたが、それ以上に何かを知りたいという気持ちにはなりませ

んでした。

　その頃に、父親からアクションがあり、初めて面会することになりました。職員に対して、〝母親〟について聞くことはなかったのですが、父親に聞いてみることにしました。当時の父親の言葉である、「お母さんはどこかへ行っちゃった」というワードは今でも覚えています。また、施設側の計らいで、父方の母（祖母）に会う機会を作っていただきました。祖母との出会いや、父親との面会の中で、自分にとっての〝家族〟というものを整理していったのだと思います。私にとっての家族は、〝施設の職員・友達〟であり、実父は、〝生んでくれた親〟といった感覚があったため、それ以上、何か求めることはありませんでした。さらに母親については、入所していた頃の私は、父親に聞いたこと以外、特に興味をもつことがありませんでした。

■ どのタイミングでルーツと向き合うのか
　そんな私が、自分の生い立ちや親について知りたい！　と思ったタイミングがありました、それは、退所して今の旦那さんとの結婚を意識した時でした。結婚の手続きを進めるうえで、戸籍抄本を取りに行ったのですが、その時初めて〝母親〟の名前を見たのです。同じ性別ということもあったのか、今まで自分の中でなかった〝母親〟という存在への感情が湧いてきました。〝知りたい〟〝どこで何をしているのか〟〝元気にしているのか〟〝どんな顔をしているのか〟〝自分はどんな人から生まれてきたのだろうか〟……自分のルーツを再度探すようになりました。

　そんな想いをもって出身施設へ帰り、〝母親〟について聞いてみました。その時の感情としては、〝少し恥ずかしい〟〝聞いてもいいのかな？〟といった複雑なものでした。しかし、それを聞くことができたのは、自分を幼少の頃から知ってくれていて、信頼している職員だったからこそだと思います。また、私がもつ母親への感情に対して、職員がまっすぐに応えてくれたということが大きかったのだと思います。職員からもらった情報をもって母親に会いに行くことになるのですが、知るにせよ、情報をどのように扱うのかにせよ、自分にとって〝今がそのタイミング〟というものがハッキリとありました。そのタイミングだったからこそ、〝母親〟について受け止めることが

でき、また自分のルーツを再度整理することができました。これは生きていくうえで、自分にとってとても大切な〝プロセス〟だったのではないかと思います。

■〝伝える〟ということについて
　私自身、自分の中で整理できたタイミングであり、知りたいと思ったタイミングの中で信頼できる職員から情報をもらえたことで、すんなりと落とし込むことができたのだと思います。現在、支援者としてかかわりをもっている社会的養護下で生活する子どもたちの中では、急に別室に呼ばれて自分の〝生い立ち〟や〝親〟について知らされるということがあると聞きます。当時の私にその状況を置き換えて考えてみると、自分の感情も状況もどのように整理したらいいのか分からず、不完全燃焼してしまうのではないかと思います。下手をすればパニックになり、〝家族〟への感情の収拾ができず、悪い〝感情〟を引き出しかねず、〝家族〟だけではなく、〝施設〟や〝職員〟へもその感情は影響してくるのではないかと考えます。

■おわりに
　私の育った施設では、子どもが聞いてくるまでは特に職員から話はしない。つまり、年齢や子ども一人ひとりの状況に応じて伝える方法・言葉を工夫しています。私の場合は〝もし退所して本人が聞きに来た時には、何か渡せる情報をもっておこう！〟ということで、〝母親〟の情報を職員が集めておいてくれていたようです。このように本人が情報を必要とした時に施設側がもっているということは大切です。また、〝情報〟に加え、私自身も母親について施設側に聞く際、〝今さら〟という想いもあってか信頼している職員であっても、恥ずかしいという感情をもちました。退所した者にとっては入所中より難しいテーマとなってきます。〝家族〟が欠落している私たち当事者にとってルーツの整理は、絶対になくてはならないものではありますが、〝伝える人〟〝伝える情報〟〝タイミング〟ということは一人ひとりの状況を見極め対応していく必要があると考えます。

（畑山麗衣）

第7章 ナラティヴ・アプローチからみたライフストーリーワーク実践

第1節──ライフストーリーワークにおける実践と研究のギャップ

　ライフストーリーワークは、理論が先行して形作られていったのではなく、家庭を離れて暮らす子どもとかかわる支援者が試行錯誤を繰り返しながら実践のなかで発展してきたものです。現在では極めて多岐にわたる取り組みが存在し、里親や養親の間で定着している、「真実告知」や「テリング」など、類似する取り組みも数多くあります。しかし、こうしたライフストーリーワークの実践と研究の間にはかなり大きなギャップがあることも指摘されています（Cook-Cottone & Beck, 2007）。ライフストーリーワークを理論的に整理したり、効果を測定したりするような学術的な取り組みは、これまで国内外を通してほとんど行われてきませんでした。この背景には、本質的には類似した取り組みであっても個々の事例に応じて支援のあり方が多岐にわたること、家庭（的）養護をはじめとする極めて私的な場で実践が進められてきたこと、個人の「ストーリー」という数量化にそぐわない概念が対象となること、支援に伴う変化を追うには長期的なフォローアップ研究が必要になること、といった諸事情が挙げられます。

　様々な類似する取り組みが理論的（学術的）に整理されておらず、ライフストーリーワークを明確に定義できないという状況は、実践上の混乱につながります。さらに、共通性をもつ各種の実践がバラバラに議論され、蓄積されていかないという状況は、今後の実践の発展を阻害する可能性があります。

そこで本章では、「ナラティヴ・アプローチ」という視点を手がかりにライフストーリーワーク実践を整理し、様々な取り組みの関連を理解するための視座を得ることを試みます。

第2節──社会的養護の子どものライフストーリー

ライフストーリーワークは、語義どおり解釈するなら、「ライフストーリー」にかかわる「ワーク」です。したがって、まずはライフストーリーとはどういうもので、そして社会的養護の子どものライフストーリーにはどのような支援ニーズが存在するのかということについて確認します。

やまだ（2000）は「ライフストーリー」という英語に「人生の物語」「人生を物語る」という2つの訳語を与えています。つまり、「ライフストーリー」という用語には、人生について語られた内容と、人生を物語る行為の両方を含むニュアンスがあるということです。なお、「ライフストーリー」に類似する表現として「ライフヒストリー」という用語もありますが、こちらはおおまかにいえば、個人によって語られた内容を客観的・歴史年表的に整理したものと理解することができるでしょう。一方、「ライフストーリー」では物語る行為に注目することと関連して、主観性、語り方や意味づけ、他者との共同生成、変化・プロセスといったことに力点が置かれ、両者は区別されています。また、「ライフストーリー」と同様の意味合いで用いられる用語として「セルフ・ナラティヴ（自己物語）」が挙げられますが、この2つはほぼ同じ意味をもつ言葉といえます。

1980年台の後半以降、「自己やアイデンティティと呼ばれるものは自分自身について語る物語である、あるいはそうした物語を通して構成されるものである」という議論が広く関心を呼び、支持を集めるようになりました（浅野, 2005）。そうしたなか、マクアダムス（1985, 1997）は、内面化され展開していくライフストーリーを「ナラティヴ・アイデンティティ」と呼び、それは概ねまとまったかたちの人生全体を組織・生成する機能をも

ち、それが成されない場合、人生は断片的で拡散したものとして感じられるだろうと主張しています。

以上のような「ライフストーリー」に関して、社会的養護の子どもの場合、どのような課題やニーズが存在しうるのでしょうか。以下、子どもが置かれた状況を踏まえ、考えられることをいくつか列挙してみます。

①生い立ちにかかわるライフストーリーの空白

社会的養護のもとで育った人に話を聞いてみると、人生を振り返った時に「記憶がない部分がある」といった語りが出てくることが少なくありません。しかも、多くは「それを埋めたい」という切実な願いを伴っています。幼少期に実親との離別を経験した子どもは実親や生い立ちについての記憶をもたないため、自分が実親のもとで暮らしていないという事実に疑問を覚えることは容易に想像がつきます。これらをライフストーリーという視点から解釈すると、社会的養護の子どもには、とくに自分の生い立ちにかかわる部分においてライフストーリーの空白があり、その空白を埋めようとするニーズが存在すると考えることができるでしょう。

②混乱、ファンタジー、歪みを含んだライフストーリー

幼少期から措置変更を数多く経験してきた子どもは、自らの人生経路を整理しつつライフストーリーを構築することが大変困難になります。また、施設で暮らす子どもが、施設入所の理由を「自分が悪いから」と捉えていたり、実親に関するファンタジーを過度に膨らませていくことも見られます。里親家庭においても、里子が里親を実親だと信じていることが時折あります。このようにして作り上げられたストーリーは客観的な事実とあまりにかけ離れたものであり、それによって子どもが自らの心を守ることもあれば、傷つけていることもあるでしょう。こうしたライフストーリーを作り上げるのは、「空白」を埋めようとする子どものひとつの反応として解釈可能かもしれません。

③ネガティヴになりがちなライフストーリー

　社会的養護の子どもは、幼少期に実親との離別をはじめとする逆境的な体験をしています。さらに、それを自らのせいだと捉えたり、また、社会的養護のもとで育った者への偏見に晒(さら)されたりすることで、ネガティヴなライフストーリーを構築してしまう可能性が高まります。それは低い自己評価や自己肯定感、あるいは未来への展望をもてないといった心境と強く関連すると考えられます。

④トラウマにより断片化されたライフストーリー

　ヴァン・デア・コルクら（1996/2001）は、トラウマ性記憶は言語的（潜在的）要素や物語的形式を備えておらず、トラウマを受けた人の多くは未統合のトラウマ記憶の断片にとりつかれてしまった状態にあり、これらの感覚や知覚を全体的な展望に位置づける「私」という存在を見失ってしまっていると述べています。こうした状態では、ライフストーリーを語ること、および構築することそのものが困難になりますし、ライフストーリーは断片化された状態にならざるをえないと考えられます。

⑤ライフストーリーを他者と共同生成していく機会の少なさ

　ここまで主にライフストーリーの内容に注目して検討してきましたが、幼少期の人生経験を共有する養育者の不在は、ライフストーリーを語るという行為そのものにも影響を与えうると考えられます。これに関して、たとえば、親子の交流と子どもが出来事を物語る能力の関係について検討した研究では、子どもは親と一緒に過去のことを思い出す作業を通して過去の経験について語ることを覚えていくこと、そして、親が幼少期の子どもと過去の出来事についての会話を組み立てる方法は、子ども自身が過去を思い出し、他者と共有する方法に大きな影響を与えることが明らかにされています（Fivush & Vasudeva, 2002）。こうした知見を踏まえると、両親など過去の出来事を共有する他者を奪われた子どもは、ライフストーリーを豊

かに展開していく場や機会をも奪われた状態にあるといえるかもしれません。

　以上の5点のうち、①と⑤については、程度の差はあれど、幼少期に実親のもとから離れて暮らす子ども全員に起こりうることであり、②③④については、その子の過去の経験や周囲とのかかわりに応じて個人差が現れてくると思われます。
　なお、ライフストーリーワークを行う場合は、関係者間での十分な協議や子どもと家族についての緻密なアセスメントが必要ですが、その際、上記のような視点から子どものライフストーリーについて検討することで、ライフストーリーワークで取り組むべき目標を設定しやすくなるかもしれません。

第3節──ナラティヴ・アプローチの視点から解釈するライフストーリーワーク実践

　続いて、前節で考察した社会的養護の子どもにおけるライフストーリー上の課題を念頭に置きつつ、「ナラティヴ・アプローチ」という視点から、ライフストーリーワーク実践を検討していきます。まず、「ナラティヴ・アプローチ」とは、ナラティヴ（語り・物語）という視点から現象に接近する方法であり、現在、研究方法としてのみならず、支援方法としても注目を集めています。
　こうした実践領域におけるナラティヴ・アプローチには様々な技法・論点が含まれますが、その要諦は「その人を苦しめているストーリーを見つめなおし、その人と周囲の人を含む環境との調整を図りつつ、より前向きなかたちでストーリーを再構築する」というようにまとめられるでしょう。
　ライフストーリーワークは先述したとおり、個々人のライフストーリーに密接にかかわる取り組みであるため、ナラティヴ・アプローチとの関連

から検討していくことには意味があると思われます。

　一般的にライフストーリーワークは、「1．情報収集」「2．コミュニケーション・内面化」「3．ライフストーリーブックの作成」の3つの過程に分けられます（Bayness, 2008; Rose, 2012）。これらが子どものライフストーリーにどのように働きかけうるか、という観点から解釈すると、以下のようになるでしょう。

　まず、「1．情報収集」は、子どもの「空白」を埋めるために、ライフストーリーの材料となるものを収集するソーシャルワーク的な取り組みが中心となります。こうした意味での「情報収集」は一般的なナラティヴ・アプローチではまず行われないことであり、この点が、ライフストーリーワークをナラティヴ・アプローチとしてみた時に最も特異的な点といえるでしょう。また、前節でみた「社会的養護の子どものライフストーリー上の課題」において、「①生い立ちにかかわるライフストーリーの空白」に対応するための前提となる作業であるといえます。

　続いて、「2．コミュニケーション・内面化」は、子どもに情報を伝えながら、ライフストーリーを共同生成・再構築する、最も根幹にあたる部分だと考えられます。「社会的養護の子どものライフストーリー上の課題」における「①生い立ちにかかわるライフストーリーの空白」を実際に埋めていく作業であり、「②混乱、ファンタジー、歪みを含んだライフストーリー」「③ネガティヴになりがちなライフストーリー」を子どもと支援者が一緒に検討しつつ、前向きなかたちに調整する作業といえるでしょう。また、より治療的なかかわりをすることで「④トラウマにより断片化されたライフストーリー」に対応するケースもあると思われます。さらに、いずれの場合においても、支援者とのコミュニケーションを通して「⑤ライフストーリーを他者と共同生成していく機会の少なさ」を補うという側面も大きいと思われます。

　最後に、「3．ライフストーリーブック作成」は、「2．コミュニケーション・内面化」によって再構築されたライフストーリーを、成果物として

かたちに残す作業といえます。かたちに残すことで、子どもはワークの過程を振り返ることができ、その後引き続き独力でライフストーリー（再）構築を行うことが容易になると考えられます。

　以上のように、ライフストーリーワークを「対象を社会的養護の子どもとするナラティヴ・アプローチ」として捉えることにより、ライフストーリーワークの個々の取り組みの内実や意義について理解が深まります。なお、ライフストーリーワークと類似する取り組みである、里親・養親家庭で実施される「真実告知」「テリング」は、先ほど紹介したライフストーリーワークの3要素でいえば、「1．情報収集」「3．ライフストーリーブック作成」を伴うことはあまりありませんが、「2．コミュニケーション・内面化」を家庭内での関係性に即したかたちで、ごく自然に行われる営みとして理解できるかもしれません。

　さらに、ライフストーリーワークをナラティヴ・アプローチの視点から捉え直すことにより、ライフストーリーワークを実施するうえでのヒントを得られやすくなるかもしれません。たとえば、ホワイトとモーガン（2006/2007）は、重大なトラウマを経験した子どもを対象としたナラティヴ・セラピーについて、トラウマと、それがその子どもの人生に及ぼした影響に関するストーリーだけに囚われるのではなく、その子どもがどのようにトラウマ経験に対応してきたのかという第二のストーリーを豊かに展開させることの重要性を述べています。この「第二のストーリー」という考え方は、ライフストーリーワークにも役立つ考え方だと思われます。社会的養護の子どもたちの人生を丁寧に見ていけば、つらいことばかりではなく、心を温めてくれるような出来事・体験（＝第二のストーリーの萌芽になりうる体験）が見つかるかもしれません。支援者は子どもの語りのなかから第二のストーリーを見つけ、評価し、膨らませていく、あるいは、第二のストーリーとして展開していきそうな情報を子どもに提供しながら一緒に膨らませていく、そうした視点が有効になる場面もあるはずです。

第4節 ──── おわりに〜子ども一人ひとりのライフストーリーに目を向ける

　現在、ライフストーリーワークやそれに類する実践が一般的になり、「子どもに生い立ちの情報を伝えること」への認識が深まってきました。それは、子どもに対して、これまであまりにも客観的な事実を「伝えること」をしてこなかったという反省に基づいています。しかし、ここまでに論じてきたように、ライフストーリーワークが「ライフストーリー」にかかわるワークであるなら、次の段階として、子ども一人ひとりのライフストーリーにさらに目を向けていくことが重要と思われます。

　最近、日本でライフストーリーワークが広まるにつれて、一部では、次のような事例を聞くことがあります。過去を振り返るなかで、以前の養育者を否定するようなメッセージを子どもに繰り返し投げかけ、子ども自身の怒りや恨みといった気持ちが膨らんでしまった……。職員に反抗的な年長児に、今後寄る辺のないまま自立していかなければならないという厳しい現実を直視させることを目的にライフストーリーワークが実施され、子どもの孤立や孤独がかえって深まってしまった……。子どもが生活のなかで十分に安心・安全感を抱いていない状況で、過去の外傷体験を扱い、子どもが混乱してしまった……。子ども自身の人生を過度に"良いもの"とみなし、子どもが聞いてほしいこと、わかってほしい過去のつらい出来事に目をつぶる……。といったような例です。これらは、「ライフストーリーワーク」という技法を単純に目の前の子どもにあてはめれば子どもが以前よりも落ち着くだろう、事実を知らせること（知ること）は子どもの権利なのだ、といった一面的な見解に基づいた結果であるといえます。しかし、ライフストーリーワークを実施する際には、子どもが知らない情報を一方的に伝えるだけでなく、それが子どものストーリーにどのような影響を与えるのか、子どもが豊かなストーリーを紡いでいくために何が必要なのかといった吟味を常に忘れてはなりません。

　上記のようなことをあらためて考えた時に、理論上の示唆はもちろんの

こと、これまでナラティヴ・アプローチが積み上げてきた、個人のストーリーに寄り添いながら支援する態度・技法から学ぶべきところは大きいと考えられます。

(平田修三、楢原真也)

【文献】

浅野智彦 (2005)「物語アイデンティティを超えて？」上野千鶴子編『脱アイデンティティ』勁草書房．77-102頁

Bayness, P. (2008) Untold stories A discussion o life story work. *Adoption & Fostering*. 32(2). 43–49.

Cook–Cottone, C. & Beck, M. (2007) A model for life-story work: Facilitating the construction of personal narrative for foster children. *Child Adolescent Mentaal Health*. 12(4). 193–195.

Fivush, R & Vasudeva, A. (2002) Remembering to Relate: Socioemotional Correlates of Mother–Child Reminiscing. *Journal of cognition and development*, 3(1), 73–90.

McAdams, D. P. (1985) *Power, intimacy, and the life story: personological inquires into identity*. New York: Guilford Press.

McAdams, D. P. (1997) The case for unity in the (post)modern self: A modest proposal. In R. Ashmore & L. Jussim (Eds.), *Self and identity: Fundamental issues* (pp.46-78). New York: Oxford University Press.

Rose, R. (2012). *Life Story Therapy with Traumatized Children*. London: Jessica Kingsley Publishers.

Van der Lolk, B.A., McFarlane, A.C., & Weisaeth, L. (2001)『トラウマティック・ストレス──PTSDおよびトラウマ反応の臨床と研究のすべて』(西澤哲監訳) 誠信書房 (Van der Lolk, B.A.・McFarlane, A.C.・Weisaeth, L. (1996) *TRAUMATIC STRESS: The Effects of Overwhelming Experience on Mind, Body, and Society*. New York: The Guilford Press.)

White, M. & Morgan, A. (2007)『子どもたちとのナラティヴ・セラピー』(小森康永・奥野光訳) 金剛出版 (White, M. & Morgan, A. (2006) *NARRATIVE WITH CHILDREN AND THEIR FAMILIES. Adelaide, South Australia:* Dulwich Centre Publication.)

やまだようこ (2000)『人生を物語る──生成のライフストーリー』ミネルヴァ書房

終章 日本におけるライフストーリーワークの課題と展望

　本書は、日本でライフストーリーワークを初めて実践される支援者や、すでに実践を開始した支援者が迷った時に、立ち戻って実践の意義や方向性について考える際のガイドとなるよう作成しました。終章では、ライフストーリーワークが今後日本でより幅広く普及していくために、検討が必要な点についてみていくことにします。

第1節──ライフストーリーワーク実践と記録保管やアクセス支援

　まずは、記録の保管及びアクセス支援についてみていきたいと思います。この10年程でライフストーリーワークが広く知られるようになり、ライフストーリーワークの目的が子どもの「知る権利」の保障や成育歴の振り返りであることは、すでに一定の理解を得たといえるでしょう。今後は、英国のように家族との関係性やトラウマ的な体験と対峙をする際の支援ツールとして活用されることが十分考えられます。しかし、その場合、措置期間中にこれらすべてを完結することは難しいといえます。さらに、社会的養護児童に限らず、誰しも自分自身の成育歴に対する意義付けや家族についての理解は結婚や出産、近親者との死別などのライフイベントのたびに変化し、認識が更新されていくものです。その過程で重要な鍵を握る人物や知りたい情報、伴走してくれる支援者を得やすい人とそうでない人がいます。社会的養護の当事者は、自分や家族の情報の入手や身近な他者

からの支援を得にくい状況に置かれることが想定されます。

　そこで必要になるのが公的機関の作成した「記録」とそれをもとに行われる措置期間後のライフストーリーワークやそれに類する支援です。これはアフターケアの範疇に入るものですが、その際に重要な鍵を握るのは措置期間中に作成された子どもの記録（児童記録や生活記録など）です。ここでいう記録とは、公的機関が発行した戸籍や住民票などだけでなく、詳細な措置理由や子ども時代のエピソード、関係者の証言、家族との関係性や生活状況など幅広いものを含みます。当事者が自らの希望やタイミングに応じてこれらの情報にアクセスし、成育歴を振り返ることができなければ、措置期間中のライフストーリーワークが当事者にとって不完全で中途半端なものになってしまう可能性があります。

　しかし、現在、多くの自治体では社会的養護の子どもの記録の保存年限を25年間に設定しています。これでは十分ではありません。というのも、英国で行われた調査では、実親の情報や記録にアクセスしてくる当事者の平均年齢が30代から40代だということです。このことを考慮すると、日本においても、25歳で児童記録を廃棄してしまうのはあまりに早すぎるといえます。

　さらに、記録や情報が保管されているだけでは十分とはいえません。当事者がその情報の存在を把握しており、いかにその情報にアクセスできるのかを知っておかなければなりません。また、開示内容についても十分精査する必要がありますし、記録を読み解く際の支援も必要となるでしょう。記録に含まれているすべての情報を無条件に開示すれば、当事者や第三者の権利を保障するという目的を達成するとは単純にいえないからです。むしろ、無防備な状態で新たな情報にさらされれば、当事者がさらに傷つく事態を招くことも想定できます。

　英国では、子どもの記録やファイルは100年間保存することが規定されており、開示できる年齢（18歳）も明記されています。さらに、情報開示に対応する専門職員が雇用されている民間児童福祉団体や地方自治体もあ

るほどです。ここでいう専門職とは、ソーシャルワーカーと記録・情報管理の専門家（アーキビストや情報管理オフィサー等）を指します。対人援助と記録保管という異なる分野の専門家が協働することによって、当事者や関係者の権利を守るための開示範囲や支援を多角的視点から検討することができます。さらに、ソーシャルワーカーが作成した記録が第三者によって管理されていることは開示内容の決定に対する透明性を担保するという見地からも意義深いといえるでしょう。

　たとえば、英国のウエストサセックス県では、社会的養護の子どもの記録はソーシャルワーカーが所属する部署とは別の部署に保管されており、保管や開示は記録管理の専任職員が担っています。一定年齢に達すればソーシャルワーカーなどの作成した記録は、専門職の同意がなくても規則に則って開示されています。

　このような英国の状況の背景には、1970年代からの社会的養護の当事者運動の影響があります。社会的養護で育った当事者が様々な権利を訴えていく過程で、当事者が自らの記録にアクセスする権利の保障についても声をあげてきました。今日では、当事者団体が記録にアクセスする方法について詳細な情報提供をしているほどです。

　日本においても記録を取り巻く制度の整備がないままでは生涯を見越したライフストーリーワークは成立しないといっても過言ではありません。なぜなら、ライフストーリーワークは主に個人の心的現実や認知の変容を促すことを目的とする心理療法とは異なり、自分の人生にとって重要な人物や場所を訪ねたり、複数の情報を得ることで自分の成育歴や人生、家族についてバランスの良い見方をできるようになることを目的としているからです。そのためには、記憶にない幼少期からの記録が重要な情報源になります。

　今後、措置期間中にライフストーリーワークを実施した子どもがおとなになり、再び成育歴や措置された際の状況、または家族の情報を知りたい、誰かと振り返りたいと希望する当事者が増えていくことが予想されます。

そのようなニーズに応えるためには、当事者の声に耳を傾け、どのような情報を、いかなる形で、誰と共有したいのかということについて検討していく必要があります。記録が当事者の利益に帰するものとして活用されるように制度を整備していく必要があるでしょう。

第2節──ライフストーリーワークの今後の展開と課題

　次に、現在の日本でライフストーリーワークをどのように展開していくべきか考えてみましょう。

　本書では、ライフストーリーワークを生活場面型とセッション型に分けて説明しました。さらに事例などでは、それらをとり混ぜたものを示しました。子どもの年齢や取り巻く環境、関係者の考え方や状況によって個別の事情があることはいうまでもありません。しかし、共通していえることは、どのような状況においても、ライフストーリーワークの考え方（理論や哲学）に応じた支援が可能であり、それは様々なレベルで実践可能だということです。

　明確なことは、子どものニーズに近いところから実践をはじめていくことが子どもと支援者双方にとって安全だということです。すでに子どもがニーズを発信しているケースや子どもと支援者の信頼関係が構築されているケースから始めるといいでしょう。日常生活や面接場面でライフストーリーワークの理念に基づいた応答はいつでも、どのような支援者にとっても実践可能です。今後は、ケアワーカーやソーシャルワーカーに限らず、学校現場や家庭裁判所などでもライフストーリーワークの理念を用いた支援が展開されることを期待したいものです。

　そのためにはライフストーリーワークが普及することが重要です。しかし、ライフストーリーワークを手法の域に留めておくのではなく、背景にある子どもや当事者の権利を向上させるための理念として普及させることが重要だといえます。その際重要なのは、本書で試みたように隣接領域の

理論と対比させることで日本におけるライフストーリーワークの独自性を確立していくことだといえます。

次に、ライフストーリーワークを当事者のペースやニーズに沿って行うために考慮すべき点について述べていきます。

まずは、子どもの生活とライフストーリーワークの関連性という点です。ライフストーリーワークは有効な支援ツールですが、それ単体で子どもの権利保障や自己肯定感の向上という効果が生み出されるわけではありません。むしろ、現在の子どもを取りまく生活状況や支援者との関係性がライフストーリーワークの効果に多大な影響を与えます。

現在の生活が安定しており、支援者との関係が良好であれば、ライフストーリーワークで得た情報が否定的要素を多く含んでいるように思えても、それを乗り越えていくことができます。さらに、「自分にまつわる情報を知ることができてよかった」「乗り越える力が身についた」「親と自分の人生を切り離して客観視することができるようになった」などの肯定的な経験として子どものなかに位置づけられていくことでしょう。その効果は、日々の生活や人間関係の構築に還元され、より良いものとなるよう後押ししてくれることでしょう。一方で、現在の生活状況が良くなければ、ライフストーリーワークで成育歴を肯定的に捉えられるような働きかけがなされたとしても、人生をトータルで見た時に否定的に捉えてしまうかもしれません。

このように考えると、現在の社会的養護の生活の質や児童相談所などの体制を子どもの個別のニーズに対応できるように質・量ともに改善していかなくてはならないでしょう。さらに、ライフストーリーワークを行うタイミングについても、子どもの生活状況を十分考慮して決定する必要があります。

同様の視点から、措置解除後の生活やアフターケアを充実することも忘れてはならない点です。措置解除後の生活が経済的・心理的に不安定なままライフストーリーワークやそれに類する支援を行うことは効果を生まな

いばかりか、当事者が何らかの形で不用意に傷つくというリスクを高めてしまいます。さらに、当事者が単独でライフストーリーワークの続きを行おうと試みた場合はよりリスクが増すでしょう。

　たとえば、措置期間中に存在を知らされた実父母におとなになって再会を希望したとします。まず、実父母が再会に応じてくれるか分かりませんし、仮に再会できたとしても、当事者が望む通りの関係性や結末が約束されているとは限りません。その際に一人でその事実と向き合うことは大変負荷がかかりますし、再会する前にメリットとデメリットを十分検討してから行動に起こす必要があります。そもそも、長年、音信不通だった実親の所在などを自力で調べることが困難なケースもあるでしょう。そのため、退所後何年経過したとしても、当事者が支援を求められる場や支援者が存在することが重要だといえます。

　最後に、ライフストーリーワークに実践に関してもいくつかの課題が残されています。

　喫緊の課題としては、支援者の育成や支援体制、すでに述べた記録保存やアクセス支援を行う専門職や機関の設立、さらにはライフストーリーワークの効果測定などが挙げられます。子どもや措置解除後の当事者、さらには支援者が安心してライフストーリーワークに取り組んでいくためには、当事者のニーズに即してこれらの体制を整備していくことが不可欠だといえます。

　すでに述べたように、成育歴の捉え方や他者との関係性は生涯を通して変化していくため、ライフストーリーワークに終わりはありません。現在の生活がその人の成育歴の重要な一部になるという自覚をもちながら実践を積み重ねていくことがライフストーリーワークの重要な第一歩になります。その先には、当事者との「今、ここ」でのやりとりから湧いてくる疑問や課題を発信し、改善を訴え続けていくことが求められているといえます。

〔徳永祥子〕

ブックガイド

『「育ち」をふりかえる──「生きてていい」、そう思える日はきっとくる』
（渡井さゆり／岩波ジュニア新書）
『世界中の愛を全部ください』（早川幸恵／幻冬舎ルネッサンス）
『子どもが語る施設の暮らし』『子どもが語る施設の暮らし2』（『子どもが語る施設の暮らし』編集委員会 編集／明石書店）
『施設で育った子どもたちの語り』（『施設で育った子どもたちの語り』編集委員会 編集／明石書店）
『いつか見た青い空』『きみとうたった愛のうた──児童養護施設でくらしたあの頃に』（りさり／新書館）

　社会的養護の当事者が、生い立ちを振り返り、その時々の気持ちをことばにしたものを数冊挙げてみました。近年、児童福祉従事者によるライフストーリーワークの実践報告が増えていますが、「主役は子ども（当事者）」であることを忘れてはなりません。

『生まれた家族から離れて暮らす子どもたちのためのライフストーリーワーク実践ガイド』（トニー・ライアン、ロジャー・ウォーカー 著　才村眞理、浅野恭子、益田啓裕 監訳／福村出版）

　ライフストーリーワークを実施する場合、どんな準備をして、子どもたちと具体的にどんな作業をするのかイメージを膨らませるために、最初の1冊としておススメしたい本です。様々な方法が紹介されており、実践上のヒン

トが満載です。

『生まれた家族から離れて暮らす子どもたちのためのライフストーリーブック』（才村眞理 編著／福村出版）

　イギリスで出版されている「ライフストーリーブック」をもとにして、日本の文化慣習を考慮して作成されたものです。書き込み式になっているので、そのままライフストーリーワークに使うこともできます。必ずしも最初のページから埋めていく必要はなく、子どもに合わせて、自由にアレンジしながら使用されているようです。

『施設・里親家庭で暮らす子どもとはじめる クリエイティブなライフストーリーワーク』（ケイティー・レンチ、レズリー・ネイラー 著　才村眞理、徳永祥子 監訳／福村出版）

　これまでに海外で出版されたライフストーリーワークに関する本や論文の内容を踏まえつつ、重要なポイントが簡潔に整理されています。また、様々な技法が取り上げられ、それぞれについて「用意するもの」「進め方」「ワークの目的」「大切なこと」の順に説明されているため、非常に実践的な本といえます。

『わたしの物語──トラウマを受けた子どもとのライフストーリーワーク』（リチャード・ローズ、テリー・フィルポット 著　才村眞理 監訳　浅野恭子、益田啓裕、徳永祥子 訳／福村出版）

　イギリスのトラウマを受けた子どもの治療的機関による、深刻なケースを対象とする治療的なライフストーリーワークの取り組みが紹介されています。セラピューティック・ペアレンティング（治療的親業）、セラピー、ライフストーリーワークの3本柱で子どもを支えていく体制は、日本においても参考になるのではないかと思います。

『子どもの福祉とこころ──児童養護施設における心理援助』（村瀬嘉代子 監修　高橋利一 編／新曜社）

　施設で暮らす子どもたちに対して、事実を伝えることも含めた支援のあり方、職員の姿勢や大人として大切にするべきことについて、やわらかく平易な言葉で表現されています。実際の施設での研修会をもとに編まれているため、実践的で分かりやすく、読後には支援者としての自らのありようをもう一度静かに見つめ直そうという気になります。

『子ども虐待と治療的養育──児童養護施設におけるライフストーリーワークの展開』（楢原真也／金剛出版）

　子どもたちは児童養護施設で何を思い、何を考え暮らしているのか。また、施設職員は、子どもから投げかけられる疑問や不安にどのように応えていくことができるのか。本書を読むと、子どもに日々の生活のなかで真摯に向き合うことの延長線上にライフストーリーワークがあるのだと実感させられます。

『真実告知ハンドブック──里親・養親が子どもに話すために』（家庭養護促進協会／エピック）

　「告知をするタイミング」「生みの親についてどの程度のことを話せばよいのか」など、子どもに伝える際に考慮すべきことについて、Q&Aを通してたくさんのヒントが書かれてあります。また、実際に里親が子どもにどう伝えたか、子どもが告知をどう受け止めたかについても複数の事例が挙げられており、参考になります。

『子どもたちとのナラティヴ・セラピー』（マイケル・ホワイト、アリス・モーガン 著　小森康永、奥野光 訳／金剛出版）

　ナラティヴ・セラピー（プラクティス）はライフストーリーワークと同じく"ストーリー"に注目する実践です。これについての解説書は多数出版さ

れていますが、そのなかで本書は、子どもを対象としている点で、考え方や手法など、ライフストーリーワークについて考えるうえで参考になる部分が多いと思われます。

『ナラティヴ・エクスポージャー・セラピー ——人生史を語るトラウマ治療』（マギー・シャウアー、フランク・ノイナー、トマス・エルバート 著　森茂起 監訳　明石加代、牧田潔、森年恵 訳／金剛出版）

　ナラティヴ・エクスポージャー・セラピーは、PTSDを治療することを目的として開発されたものです。「個人史の物語を作り上げていく」作業が中心になる点において、ライフストーリーワークと似ています。子どものつらい体験を扱う場合に参考になる部分が多いと思われます。

（平田修三、楢原真也）

資　料

＊第5章「事例（モデルケース）で考えるライフストーリーワーク」で用いたフォーマットです。ライフストーリーワークを実施する際の検討時や、実践事例を紹介・報告する際のまとめシート等としてご活用ください。

ライフストーリーワーク（LSW）実施前確認シート

入所（委託）時年齢（学年）		性別	入所（委託）中の社会的養護種別 □乳児□養護□情短□自立□里親 □その他（　　　　）
ＬＳＷ実践時年齢（学年）			

ケース概要 ・入所理由 ・家族構成 ・生活歴 等	

（ＬＳＷの必要性・子どものアセスメント）	子どものニーズ認識や	子ども自身はＬＳＷの実施を　：　□希望している　　□希望していない	
		自分自身をどう捉えているか、将来の希望や展望	
		生い立ちの記憶や家族情報の混乱・空白、心的外傷	
		施設入所（委託）をどう捉えているか　＊入所に対する自責感、認知の歪み等の有無	
		家族に希望すること、家族について知りたいこと	
		学校等周囲に施設入所（委託）についてどう話しているか ＊カバーストーリー作成の必要性等	

ＬＳＷ実施の経緯：□児相から提案　□施設（養育者）から提案　□その他（　　　）		
関係者の意向・希望・懸念	児相	
	施設（養育者）	
	家族・親族	

実施のメリット・今実施する理由（＊今ではない場合、いつ頃が適していると思われるか？）	
実施のデメリットやリスク、子どもの不安定化や新たな虐待が発覚した時等の対応	
子どもの知る情報を基にしたジェノグラム	
支援者の知る情報を基にしたジェノグラム	※交流状況や頻度、家族・親族と子どもの関係性等も記入すること

参加者：□児童福祉司　□児童心理司　□子どもの養育者（担当職員・里親）
　　　　□施設FSW　□施設心理職　□その他施設職員　□家族・親族
　　　　□その他（　　　　　　　）
　　　　　　　　　　　　　　　　　　　　　　　　　　＊主たる実施者に◎

実施の目標・ゴール：

LSW実施にあたって	（生活場面）現在の養育者との関係性、生活の様子、子どもの魅力や長所等 （ソーシャルワーク）関係者の同意、子ども・家族のライフヒストリーや生い立ちにまつわる品々の収集等
LSWの内容	（生活の中での支援・実践） （セッションや訪問での支援・実践）
アフターケア（今後の予定）	

あとがき

　平成20年12月に広島で開催された日本子ども虐待防止学会第14回学術集会において、「子どもの話を聞く──子どもからの成育歴の聴取とlife story work」というタイトルの分科会が開催されました。私の知るかぎり、この学会で社会的養護の子どもたちへのライフストーリーワークの話題が大きく取り上げられたのは、この時が初めてだったと思います。
　平成20年といえば、私の職場である三重県では、施設の子どもに生い立ちに関する情報をどう伝え返すのか、まだまだ試行錯誤していた時期です。そんな時にこの企画を見つけた私は、実践の手がかりをつかみたいと思い、広島へ出かけました。
　この分科会で実践発表していたのが、楢原真也さん（本書編著者）と藤澤陽子さん（同共著者）でした。発表者の方々にどうしても質問したいことがあった私は、思い切ってフロアから挙手し、「その子に過去の情報を伝えても大丈夫と判断した根拠は何か？　自分たちの実践でも大変苦慮している」といった趣旨の質問をしました。
　そんな私の様子を見て、「ライフストーリーワークの実践者がいる！」と驚いた人たちがいました。後から分かったことですが、この分科会には、当時、日本で先駆的にライフストーリーワークに取り組んでいた人たちが何人も参加されていたそうです。そのなかの一人が才村眞理先生（同共著者）でした。私に続けて、才村先生もフロアから発言されていたことを今もはっきり覚えています。

この日を境に、日本のライフストーリーワーク実践・研究に関するネットワークがつながり始めたのです。

　日本子ども虐待防止学会の学術集会では、その後も社会的養護の子どもたちへのライフストーリーワークをテーマにした発表が続きました。広島大会の翌年、平成21年の埼玉大会では平田修三さん（同編著者）が企画した分科会「Life story work──里子・里親本人とともに支援のあり方を考える」が開催され、私はこの時もフロアで平田さんたちの発表を聞いていました。

　私にとって大きな転機になったのが平成22年の熊本大会でした。前年まではフロアで発表を聞く側だった私が、この年の分科会「施設で暮らす子どもたちへのライフストーリーワーク」の企画者兼発表者となったのです。広島の分科会がきっかけとなり、いろんな人とやりとりを続けていた私が、たまたま発表者全員と知り合いだったというのが企画者を任された理由なのですが、才村先生・楢原さん・徳永祥子さん（同編著者）にそれぞれの立場から実践紹介をお願いすることができました。

　続く平成23年の茨城大会では、埼玉大会で知り合った平田さんにも企画に加わってもらい、楢原さん・平田さん・私の3人が発表者となって、研修企画「これから真実告知・ライフストーリーワークを行うあなたへ──実施にあたって知っておいてほしいこと」を開催しました。

　いずれの年も分科会はかなりの盛況で、この分野に対する関心の高さが実感できたのと同時に、フロアとのディスカッションや終了後の名刺交換等々を通じて、ますますネットワークが広がっていったのでした。

　振り返ってみると、広島の分科会は日本のライフストーリーワーク実践者・研究者のネットワークの発展につながる記念すべき企画だったといえますが、まさか入門書の出版にまで発展するとは、その時は夢にも思っていませんでした。今回、入門書の必要性を熱く提案していただいた明石書店の深澤孝之さんには、あらためてお礼を申し上げます。

　編著者の楢原真也さん・徳永祥子さん・平田修三さんには、ご自身の担

当箇所の原稿執筆はもちろんですが、企画会議・共著者への執筆依頼・細かな原稿チェック等々、裏方仕事でも本当にお世話になりました。一緒に作業をするなかで、皆さんのライフストーリーワークへの真摯な思いにあらためてふれることができ、私にとっては大切な思い出です。私自身、これからも気持ちを引き締めて、社会的養護の子どもたちのために自分のできることをやっていこうと思いました。

　もちろん、今回の出版にあたって、お忙しいにもかかわらず執筆依頼を快く引き受けていただき、貴重な実践を原稿にまとめていただいた執筆者の皆さんにもお礼を述べないといけません。本当にありがとうございました。

　もう一人、あとがきでふれておきたい人がいます。私の元同僚で三重県児童相談所におけるライフストーリーワーク実践の初期メンバーだった故・橋本秀由紀さんに、この本の出版を報告できないことが残念でなりません。もしも橋本さんが児童相談所に配属になっていなかったら・橋本さんが大阪市児童相談所に長期研修に行っていなかったら、三重県の児童相談所でライフストーリーワークの取り組みはここまで発展していなかったと思いますし、才村先生たちの研究会とつながることもできていなかったはずです。私たちが手探りで取り組んでいたことが、今、全国の社会的養護の現場で取り組まれていること・全国の実践者と研究者が力を合わせてこんな入門書までできあがったことを知って、橋本さんもきっと喜んでくれていることでしょう。あらためてお悔やみ申し上げます。

　私自身、かつては発表を聞く側の人間でした。そんな私が、縁あって自分たちの実践を発信する機会に恵まれ、多くの社会的養護関係者に聞いていただくことができました。発信をきっかけに、同じような関心や問題意識をもっている人たちと交流が始まり、ネットワークができ、今度はその人たちが自分たちの実践を発信する……。本書の共著者には、かつて私たちが企画した日本子ども虐待防止学会の分科会でフロアにいた方が何人か

います。このような連鎖のなかから本書は生まれました。

　そんな経緯で生まれたこの本が、これから社会的養護の子どもたちへのライフストーリーワークを実践する人たちのお役に立つのであれば、これほど嬉しいことはありません。次は、読者の皆さんの番です。私たちと一緒にライフストーリーワーク実践の質を、さらには社会的養護そのものの質を高めていきましょう。

平成27年11月20日

編者を代表して　山本 智佳央

■執筆者紹介（五十音順）

浅野 恭子（あさの・やすこ）……第2章 第1～3節、第6章 第1節担当
大阪府女性相談センター所長、1991年に大阪府に心理職として入庁後、児童相談所、児童自立支援施設等に勤務し、2021年度より現職。臨床心理士、公認心理師。

新籾 晃子（あらもみ・てるこ）……第2章 第6・7節担当
大阪府中央子ども家庭センター児童福祉司。1989年大阪府に社会福祉職で入庁。障がい児施設等を経て、1996年から児童相談所勤務。

小田 友子（おだ・ともこ）……第6章 第3節担当
熊本県中央児童相談所児童心理司。2001年熊本県に心理判定員として入庁後、県内の児童相談所に勤務。臨床心理士、公認心理師。

笠松 聡子（かさまつ・さとこ）……第5章 事例③担当
三重県立国児学園主任（児童生活支援員）。愛知県愛知学園、国立武蔵野学院を経て、2021年から現職。

熊澤 早苗（くまざわ・さなえ）……第5章 事例③担当
横浜市向陽学園児童生活支援員。2004年北海道入庁、北海道立大沼学園を経て、2011年から現職。

古儀 美千代（こぎ・みちよ）……第5章 事例①担当
三重県北勢児童相談所児童心理司。2000年三重県入庁後、北勢児童相談所、中勢児童相談所に勤務。

才村 眞理（さいむら・まり）……第4章 第1・3・5・8・9節、第6章 第1節担当
大阪府子ども家庭センター、帝塚山大学教授を経て、2022年からライフストーリーワーク相談室（https://r.goope.jp/marisaimura）開設。

曽田 里美（そだ・さとみ）……序章、第5章 事例⑤担当
神戸女子大学准教授。1994年児童養護施設の児童指導員、児童家庭支援センターの相談員を経て、2001年から大学勤務。

畑山 麗衣（はたやま・れい）……コラム担当
0〜18歳まで神戸の児童養護施設で育つ。若者支援の現場で働きながら、2014年に私学四年制大学を卒業。当事者という経験・感覚を活かし、少しでも多くの〝当事者の声〟を社会に伝えていけるように活動中。現在、NPO法人Giving Tree相談員。

藤澤 陽子（ふじさわ・ようこ）……第6章 第5節担当
国立きぬ川学院 医事管理官。児童養護施設のケアワーカー、心理療法担当職員、国立武蔵野学院勤務を経て、2016年より現職。

益田 啓裕（ますだ・けいすけ）……第6章 第4節担当
追手門学院大学准教授。2004年児童心理治療施設 あゆみの丘セラピストを経て、2019年から大学勤務。臨床心理士。

松山 聡（まつやま・さとし）……第5章 事例②担当
バット博士記念ホーム ファミリーソーシャルワーカー。1986年バット博士記念ホームに就職。1993年〜2002年にかけて、養育家庭センター指導員として里親事業にかかわる。

■編著者紹介

山本 智佳央（やまもと・ちかお）……序章、第2章 第4・5節、第4章 第2・4・6・7節、第5章 事例①・④・⑤、第6章 第2・6節、あとがき担当

三重県児童相談センター伊賀児童相談所長。心理判定員として1992年に入庁後、児童相談所歴は通算22年。社会的養護の子どもたちへのライフストーリーワーク実践は2005年頃から取り組んでいるが、この間、児童心理司と里親担当を8年間兼務。実践を深めるうえで、この経験が大変役に立ったと感じている。2021年から現職。

楢原 真也（ならはら・しんや）……第1章、第3章、第5章 事例②、第7章、ブックガイド担当

児童養護施設子供の家、統括職・心理職。大学院を卒業後、児童養護施設で勤務。子どもの虹情報研修センター研修主任を経て、2015年より現職。必ずしも「ライフストーリーワーク」という言葉や技法にとらわれる必要はないと考えているが、大切な事実を聴くこと・伝えることの重要性を子どもたちに教えられ、社会的養護のもとで暮らす子どもたちへの支援のあり方を模索している。

德永 祥子（とくなが・しょうこ）……第3章、第5章 事例③、第6章 第5節、終章担当

立命館大学准教授。福祉社会学博士（京都府立大学大学院）。アイルランドインチコアカレッジ、英国ルートン大学卒業後、大阪市立阿武山学園及び国立武蔵野学院（夫婦小舎制男子寮担当）でライフストーリーワークの実践する傍ら、大学院にて研究をしてきた。現在は、独立したライフストーリーワーカーとして、また児童福祉施設や里親対象のコンサルタントや研修講師としてライフストーリーワークの理念や実践の普及に努めている。

平田 修三（ひらた・しゅうぞう）……はじめに、序章、第5章 事例④・⑤、第7章、ブックガイド担当

仙台青葉学院短期大学准教授、早稲田大学招聘研究員。里親や社会的養護当事者たちとの対話、施設や里親支援センターとの連携などを行いながら、「子ども自身の声」に基づいたライフストーリーワークのあり方を考えている。

ライフストーリーワーク入門
──社会的養護への導入・展開がわかる実践ガイド

2015年11月20日　初版第1刷発行
2022年9月15日　初版第3刷発行

編著者	山本　智佳央
	楢原　真也
	德永　祥子
	平田　修三
発行者	大江　道雅
発行所	株式会社　明石書店

〒101-0021　東京都千代田区外神田6-9-5
電　話　03 (5818) 1171
ＦＡＸ　03 (5818) 1174
振　替　00100-7-24505
https://www.akashi.co.jp/

装丁　藤本義人
印刷・製本　日経印刷株式会社

（定価はカバーに表示してあります）
ISBN978-4-7503-4272-6

〈出版者著作権管理機構　委託出版物〉
本書の無断複製は著作権法上での例外を除き禁じられています。複製される場合は、そのつど事前に、出版者著作権管理機構（電話 03-5244-5088、FAX 03-5244-5089、e-mail: info@jcopy.or.jp）の許諾を得てください。

子ども虐待対応における保護者との協働関係の構築
家族と支援者へのインタビューから学ぶ実践モデル
鈴木浩之著
◎4600円

子ども虐待対応におけるサインズ・オブ・セーフティ・アプローチ実践ガイド
子どもの安全〈セーフティ〉を家族とつくる道すじ
菱川愛、渡邉直、鈴木浩之編著
◎2800円

「三つの家」を活用した子ども虐待のアセスメントとプランニング
ニキ・ウェルド、ソニア・パーカー、井上直美編著
◎2800円

子ども虐待事例から学ぶ統合的アプローチ
ホロニカル・アプローチによる心理社会的支援
千賀則史、定森恭司訳
◎2800円

子ども虐待 保護から早期支援への転換
児童家庭ソーシャルワーカーの質的向上をめざして
アイリーン・ムンロー著 増沢高監訳 小川紫保子訳
◎2800円

ワークで学ぶ 子ども家庭支援の包括的アセスメント
要保護・要支援・社会的養護児童の適切な支援のために
増沢高著
◎2400円

医療・保健・福祉・心理専門職のためのアセスメント技術を高めるハンドブック【第2版】
ケースレポートとケース記録の方法から
ケース検討会議の技術まで
近藤直司著
◎2000円

子どもの虐待防止・法的実務マニュアル【第7版】
日本弁護士連合会子どもの権利委員会編
◎3200円

子どもアドボカシーと当事者参画のモヤモヤとこれから
子どもの「声」を大切にする社会ってどんなこと？
栄留里美、長瀬正子、永野咲著
◎2200円

すき間の子ども、すき間の支援
一人ひとりの「語り」と経験の可視化
村上靖彦編著
◎2400円

児童相談所改革と協働の道のり
子どもの権利を中心とした福岡市モデル
藤林武史編著
◎2400円

児童相談所一時保護所の子どもと支援
子どもへのケアから行政評価まで
和田一郎編著
◎2800円

児童相談所70年の歴史と児童相談
"歴史の希望としての児童"の支援の探究
加藤俊二著
◎2800円

戦争孤児と戦後児童保護の歴史
台場、八丈島に"島流し"にされた子どもたち
藤井常文著
◎3800円

児童福祉司研修テキスト　児童相談所職員向け
金子恵美編集代表 佐竹要平、安部計彦、
藤岡孝志、増沢高、宮島清編
◎2500円

要保護児童対策調整機関専門職研修テキスト　基礎自治体職員向け
金子恵美編集代表 佐竹要平、安部計彦、
藤岡孝志、増沢高、宮島清編
◎2500円

〈価格は本体価格です〉

日本の児童相談所
子ども家庭支援の現在・過去・未来

川松亮、久保樹里、菅野道英、
田﨑みどり、田中哲、長田淳子、
中村みどり、浜田真樹 [編著]

◎A5判／並製／384頁　◎2,600円

子どもの発達を促し、子どもの最善の利益をめざす児童相談所。本書には、社会的関心の高い虐待対応にとどまらない、現在の児童相談所を多角的に理解するエッセンスと、今を理解するための歴史と、これからの児童相談所についての多くの知見が盛り込まれている。

《内容構成》

はじめに
プロローグ——児童相談所って?
第1章　子どもの育つ権利を守る
　　コラム　児童相談所はどんな仕事をしているところなのか
第2章　児童相談所の相談内容と取り組み
　　コラム　相談種類別割合と職員構成
第3章　子ども虐待への取り組み
　　コラム　子ども虐待対応は今どうなっているのか
第4章　子ども・保護者・家族を支援する
　　コラム　一時保護について
第5章　地域の支援者と協働する
第6章　社会的養護と協働する
第7章　児童相談所がたどってきた歴史
第8章　これからの児童相談所を展望する
　　おわりに

〈価格は本体価格です〉

シリーズ みんなで育てる家庭養護
里親・ファミリーホーム・養子縁組

相澤仁 [編集代表]

これまでの子どものケアワーク中心の個人的養育から、親子の関係調整など多職種・多機関との連携によるソーシャルワーク実践への転換をはかる、里親・ファミリーホームとそれを支援する関係機関に向けた、画期的かつ総合的な研修テキスト。

◎B5判／並製／◎各巻 2,600円

① **家庭養護のしくみと権利擁護**
澁谷昌史、伊藤嘉余子［編］

② **ネットワークによるフォスタリング**
渡邊守、長田淳子［編］

③ **アセスメントと養育・家庭復帰プランニング**
酒井厚、舟橋敬一［編］

④ **中途からの養育・支援の実際**
──子どもの行動の理解と対応
上鹿渡和宏、御園生直美［編］

⑤ **家族支援・自立支援・地域支援と当事者参画**
千賀則史、野口啓示［編］

〈価格は本体価格です〉